당신의 길을 개척하라 ❷

당신의 길을 개척하라 ❷
Pushing to the Front

오리슨 스웨트 마든 지음
이은종 편역

주영사

"세상은 결심이 굳건한 사람을 위해 길을 만든다."

15장	패기	9
16장	투지	19
17장	용기	35
18장	어려움 속에서의 성공	60
19장	장애물의 이용	72
20장	결단	91
21장	성공 요소로서의 관찰	105
22장	가치의 상승	115

23장	하나의 생각에 붙잡힌 사람	123
24장	일과 기다림	138
25장	자신에게 위대한 것을 기대하라	155
26장	이번에도 실패할 것으로 생각될 때	173
27장	암시의 힘	187
28장	가난의 정복	202
29장	절약	213
30장	어떤 사람은 성공하고 어떤 사람은 실패하는 이유	228

일러두기
각주는 편역자 주입니다.

15장

패기

"포기하지 마라. 가장 현명한 자가 가장 대담하다.
그는 신이 컵을 섞는다는 것을 안다.
모든 격언 중에서 가장 오래된 것으로서 최고는,
'절대 포기하지 마라!'라는 엄숙한 표어이다."

확고하라. 그것은 행운의 변함없는 요소이다.
유구한 게르만족의 용기는 진실하고 견고하다.
목적에 충실하라. 잡종은 미끄러질 것이다.
오직 지렛대만이 불도그의 턱을 느슨하게 만든다.
작아 보이지만 절대 양보하지 않는 턱,
들판의 고함치는 군주를 끌어내린다!   • 홈스

"제군들, 그대들은 프랑스인이다." 나폴레옹은 이집트 작전에서 자신의 목숨을 위협하는 불만 가득한 장군들 사이를 냉정하게 걸으며 "그

대들은 나를 암살하기엔 너무 많고 위협하기엔 너무 적다"라고 말했다. "이 얼마나 용감한 사람인가!" 주동자가 완전히 겁에 질려 물러나면서 외쳤다.

"테일러 장군은 절대 항복하지 않는다." 항복하면 4천 명의 병사를 구할 기회를 주겠다고 2만 명의 병력을 가진 산타 안나가 제안했을 때, 부에나 비스타의 늙은 "러프 앤드 레디"가 말했다. 전투는 길고 절망적이었지만, 결국 멕시코인들은 패주로 추가 피해를 모면할 수 있다는 사실에 기뻐해야 했다. 링컨이 그랜트 장군에게서 장군으로서 어떤 인상을 받았는지 질문받았을 때 그는 "그랜트의 가장 큰 장점은 냉철한 목적의식이다. 그는 불도그처럼 한번 마음먹으면 그 무엇도 그를 흔들 수 없다"라고 대답했다. "리치먼드로 계속 진격"과 "여름 내내 이 전선에서 싸울 것을 제안한다"라는 말이 남부 반란군의 운명을 결정지었다.

"내 칼이 너무 짧아요." 스파르타의 한 청년이 아버지에게 말했다. 그러자 "그럼 한 발짝만 앞으로 더 와라"라는 대답만 돌아왔다.

악어거북은 머리가 잘린 후에도 문 것을 놓지 않는다고 한다. 죽더라도 놓지 않겠다고 결심한 것이다. 행운은 용감한 영혼의 특권이다. 인간이 성공할 수 있게 하는 것이 바로 그러한 투지이다. 승리를 가져오는 것은 최후의 노력이다. 옥스퍼드의 보트맨들이 "그 사람의 강인함"이라고 하는 것은 이를 악물고 근육을 짜서 노를 마지막까지 당기는 것을 말한다.

그랜트가 실로 전투에서 패배한 후 북부의 거의 모든 신문과 국회의원, 그리고 모든 여론이 그의 해임을 요구했다. 대통령의 친구들은 링컨에게 그랜트 자신과 국가를 위해 지휘권을 다른 사람에게 넘기라고 간청했다. 링컨은 어느 날 밤 시계가 새벽 1시를 가리킬 때까지 잠시 쉬는 순간만 몇 마디 하면서 몇 시간이나 경청했다. 그리고 긴 침묵 끝에 말했다. "나는 이 사람이 꼭 필요합니다. 그는 싸우거든요." 링컨의 놀라운 통찰력과 현명함이 그랜트를 대중의 광풍에서 구했고, 그를 남북전쟁의 가장 위대한 영웅으로 만들었다.

인생의 전투에서 승리하는 것은 바로 이러한 집중력이다.

그랜트는 결코 뒤를 돌아보지 않았다. 한번은 며칠 동안 확실한 결과 없이 치열한 전투를 벌인 후 작전 회의를 소집했다. 한 장군은 후퇴할 경로를 설명했고, 다른 장군은 다른 길로 후퇴하는 것이 더 낫다고 생각했으며, 또 다른 장군은 철수하거나 후퇴하거나 후방에서 더 유리한 위치를 찾는 방법을 말했다. 마침내 모든 시선이 몇 시간 동안 조용히 듣고 있던 그랜트에게 향했다. 그는 자리에서 일어나 안쪽 주머니에서 서류 뭉치를 꺼내 장군들에게 하나씩 주면서 말했다. "제군들. 동이 트면 그대들은 그 명령을 실행하게 될 것이다." 모든 서류는 진격에 대한 명확한 방향을 제시했고, 아침 해와 함께 군대는 승리를 향해 전진했다.

제노바에 있던 1만8천 명의 마세나 군대는 전투와 굶주림으로 8천 명으로 줄었다. 오스트리아군 1만5천 여 명을 사살하고 생포했지만 식량은 완전히 고갈되었고, 굶주림이 눈앞에 닥쳤으며, 수적 열세는 4대 1에 달해 적의 자비에 기댈 수밖에 없는 지경에 이르렀다. 오트 장군은 자발적 항복을 요구했지만 마세나는 이렇게 대답했다. "내 병사들은 깃발을 휘날리며 무기와 짐을 들고 행진할 수 있어야 하며, 전쟁 포로가 아닌 우리가 원하는 시간과 장소에서 자유롭게 싸울 수 있는 신분이어야 한다. 만약 당신이 이것을 허락하지 않는다면 나는 검을 손에 쥐고 제노바에서 돌격해 나갈 것이다. 굶주린 병사 8천 명과 함께 당신들의 진영을 공격할 것이며, 진영을 뚫을 때까지 싸울 것이다." 오트는 이 위대한 군인의 성격을 잘 알고 있었기에, 스스로 항복하거나 증원군이 빨리 합류하지 않게 바다를 통해 떠난다면 그 조건을 받아들이기로 했다. 마세나의 대답은 오직 하나였다. "내 조건을 받아들이지 않으면 당신 군대를 뚫고 나가겠다." 오트는 마침내 동의했다. "15일이 지나기 전에 다시 제노바에 도착할 것임을 알려드린다." 그리고 그는 약속을 지켰다.

나폴레옹은 어린 시절 고아가 되어 세상에 던져져 자신의 삶을 개척한 이 사람에 대해 "마세나는 패배해도 마치 정복자인 것처럼 언제나 다시 싸울 준비가 되어 있었다"라고 말했다.

마렝고에서 나폴레옹과 상의할 때 데사익은 시계를 보며 "전투는 완전히 패배했다. 하지만 이제 겨우 2시밖에 되지 않았고, 우리는 또 다른 기회를 얻을 시간이 있을 것이다"라고 말했다. 그 후 그는 유명한 기병 돌격을 감행하여 전장에서 승리했지만, 몇 분 전에 전선에 있던 프랑스 병사들은 후퇴 명령을 기다리고 있었다.

　1841년 바넘은 친구에게 "나는 아메리칸 뮤지엄을 사려고 한다"라고 말했다. 그 쇼맨이 1달러도 없다는 것을 아는 친구가 놀라서 "사봐! 그런데 뭐로 사려고?"라고 물었다. "놋쇠. 은과 금은 하나도 없으니까"라는 대답이 즉각 돌아왔다.

　뉴욕의 대중오락에 관심이 있는 사람이라면 누구나 바넘을 알고 그의 주머니 사정을 알았다. 하지만 박물관 건물을 소유하고 있던 프랜시스 옴스테드 씨는 "좋은 쇼맨이며, 자신이 말한 대로 이행할 사람"이라는 수많은 추천서를 참고해 그 구매자를 위해 보증을 서달라는 부탁을 수락했다. 옴스테드 씨는 바넘을 박물관 앞에서 돈을 받는 사람으로 세우고, 구매에 드는 비용과 바넘의 아내와 세 자녀를 부양하는 데 매달 50달러의 돈을 지불한다는 보증을 섰다. 바넘 부인은 이 제안에 동의해 하루 1달러 남짓으로 가계 지출을 줄이겠다고 했다. 6개월 후 정오에 매표소에 들어선 옴스테드 씨는 바넘이 저녁으로 빵 몇 조각과 콘드비프 몇 개를 먹는 것을 발견했다. "저녁을 이렇게 먹나요?" 그가 물었다.

　"박물관을 산 후 안식일을 제외하고는 따뜻한 저녁을 먹어본 적이 없으며 빚을 갚을 때까지는 다른 것을 먹지 않을 생각입니다." "아! 당신은 믿을 만하군요. 올해가 가기 전에 박물관 비용을 다 갚을 것입니다." 옴스테드 씨가 그 젊은이의 어깨를 두드리면서 인정하는 듯이 말했다. 그가 옳았다. 바넘은 1년도 안 돼서 그 시설에서 나오는 수익으로 빚을 모두 갚았다.

워털루의 웰링턴은 장교들에게 "열심히 때리는군, 제군들"이라며 "누가 더 오래 때리는지 보자고"라고 말했다.

오스트리아 포탄이 총사령관의 지시에 따라 작성 중이던 서신에 흙을 뿌리자 젊은 주노는 "우리를 위해 편지를 '모래로 광을 내주다니' 매우 친절하군"이라고 태연하게 말했다. 이 발언은 나폴레옹의 관심을 끌었고 대서사로 승진하는 결과로 이어졌다.

법조계에 사람이 너무 많기 때문에 법 공부를 망설인다고 하는 한 청년에게 웹스터는 "더 높은 곳에는 자리가 충분하다"라고 말했다. 이것은 모든 분야에서 사실이다. 성공하는 젊은이는 자신의 자리를 지키고 열심히 밀고 나가야 한다. 성공의 문을 통과하려는 사람은 누구나 "밀고 나가라"라는 문구를 발견하게 될 것이다.

영어에는 또 다른 큰 단어가 있다. 용기의 완성은 "아니오"를 오해될 여지 없이 말할 수 있는 힘이다. 더 강한 의지로, 더 단호하게 뽑아내는 힘으로, 어려운 시기를 맞는 법을 배우라. 소나무와 짚으로만 이루어진 본성은 시련의 시기에는 아무 소용이 없으며, 우리 안에는 참나무와 철이 있어야 한다. 친구도, 후원도, 순수한 근성과 불굴의 목적 외에는 아무것도 없던 많은 불쌍한 소년들이 명성이나 행운의 여신을 차지했다.

좋은 성격, 좋은 습관, 강철같은 근면은 바보들이나 꿈꾸는 불운의 공격에 흔들리지 않는다. 모든 실제적인 목적에 노력을 들이지 않는 사람, 그 목적을 위해 열렬하게 주의를 기울이지 않는 사람에게는 행운이 없다. 우연한 발견이라고 불리는 것은 거의 항상 무언가를 찾고 있는 사람들에 의해 만들어진다. 우연한 행운을 맞을 확률은 벼락을 맞을 확률과 동일하다. 성공의 양에는 어쩌면 여러 사람의 노력을 돋보이게 하는 운이라는 요소도 들어 있을 것이다. 그러나 여기에서도 노력의 방향을 정하는 현명함과 그 노력을 실행하는 에너지가 이룩한 결과에 행운이 얼마만큼 포함되었는지 꽤 정확하게 측정할 수 있을 것이다. 명백한 예외는 거의 전적으로 일회성 사업과 관련된 것으로 드러날 것이며, 장기적으로는 이 규칙이 잘 유지될 것이다. 똑같이 숙련된 두 명의 해녀가 함께 잠수하여 동등한 에너지로 작업한다고 하자. 한 명은 진주를 건져 올리고 다른 한 명은 빈손으로 돌아오기도 한다. 그러나 두 사람 모두 인내를 가지고 5년, 10년, 20년을 하다 보면 성공은 기술과 근면에 거의 정확하게 비례한다는 것을 알게 될 것이다.

헉슬리는 "다양한 사람들을 경험하면서 나는 나이가 들수록 단순한 영리함에 가치를 두지 않고 근면과 신체적 인내를 점점 더 중요하게 여기게 되었다"라고 말했다. "실제로 나는 지구력이 가장 가치 있는 자질이라고 생각하는 편이다. 열심히 일하고 싶은 욕망이 있는데 연약한 뼈대가 그 욕망에 부응하지 못하면 근면이 그다지 큰 성과를 내지 못하기 때문이다. 나태, 부정직, 비겁으로 끝나지 않는 한 인생은 낭비되지 않는다. 정직한 근면으로 용감하게 행운의 파도를 올라타지 않는 한 성공은 그 이름에 걸맞지 않다."

바보가 지혜의 말을 하고, 무식한 사람이 과학에 대한 강의를 하고, 멍청이가 〈오디세이〉, 〈아이네이스〉, 〈실낙원〉, 〈햄릿〉을 운으로 쓴 적이 있는가? 게으름뱅이가 지라드나 애스터, 로스차일드, 스튜어트, 밴더빌트, 필드, 굴드, 록펠러가 되고, 겁쟁이가 요크타운, 바그람, 워털루, 리치먼드에서 승리하고, 부주의한 석공이 아폴로, 미네르바, 비너스 드 메디치, 그리스 노예를 운으로 조각할 수 있을까? 운이 게으른 농부의 땅에 풍성한 농작물을, 부지런한 농부의 땅에 잡초와 가시덤불을 키울까? 운이 술주정뱅이를 매끈하고 매력적으로 만들고 그의 집을 쾌활하게 만들면서, 온화한 사람은 초라해 보이고 결핍과 불행을 겪게 하는가? 운이 정직한 노동을 굶주리게 하고 게으름을 부추기는가? 운이 상식을 무시하고 어리석음을 중시하는가? 운이 지성을 시궁창에 던지고 무지를 하늘로 끌어 올리는가? 운이 미덕을 가두고 악덕을 찬양하는가? 운이 와트에게 엔진을, 프랭클린에게 번개를, 휘트니에게 면직물을, 풀턴에게 증기선을, 모스에게 전신을, 블랜차드에게 선반을, 하우에게 재봉틀을, 굿이어에게 고무를, 벨에게 전화를, 에디슨에게 축음기를 주었는가?

고통스러운 장애로 자살을 시도했지만 내부 종양을 제거하는 것만으로 효과를 본 사람, 혀를 잃게 되리라는 선고를 받은 페르시아인이 서투른 수술로 언어 장애를 제거한 경우, 분노와 절망 속에서 그림에 붓을 던졌는데 오랫동안 원하던 효과를 얻은 화가, 바다 폭풍을 모방하려다 실패를 거듭한 끝에 화를 내며 건반 끝에서 두 손을 모아 달려온 결과 원하는 효과를 얻은 음악가의 이야기를 들었다면, 이 "행운"조차도 인간에게는 무행동이 아닌 행동의 결과라는 점을 명심하라.

"행운은 항상 무언가가 나타나기를 기다리고 있다"라고 코브던은 말한다. "하지만 예리한 눈과 강한 의지를 가진 노동은 무언가를 밝혀낼 것이다. 행운은 침대에 누워 우체부가 유산 소식을 가져다주기 바라지만, 노동은 6시에 일어나 바쁜 펜이나 울리는 망치로 능력의 기초를 놓는다. 행운은 징징대고 노동은 호각을 분다. 행운은 우연에 의존하고, 노동은 인격에 의존한다."

한 가지 일에 충실해 끝까지 밀고 나가라. 자신이 맡은 자리를 채우기 위해 내가 만들어졌으며 누구도 그 자리를 대신할 수 없다고 믿으라. 온 힘을 다하라. 깨어 있고, 자신에게 활력을 불어넣고, 그 일에 매진하라. 한 번이라도 완벽하고 비율에 맞게 일을 끝내는 법을 배우면 당신은 영웅이 될 것이다. 자신에 대해 더 좋게 생각할 것이고, 다른 사람도 당신에 대해 더 좋게 생각할 것이다. 세상은 엄격하고 결단력 있게 행동하는 사람을 존경한다.

"나는 자신이 해야 할 일에 직면하는 사람을 좋아한다.
승리의 발걸음과 쾌활한 마음으로,
두려움 없이 매일의 전투에 맞서 싸우는 사람.
그는 희망이 실패하는 것을 보면서도 흔들리지 않는 믿음을 유지한다.

신은 신이시며, 어떻게든 진실하고 공의롭다는 것을.
그의 계획은 사람들을 위해 실행된다.
세상이 소중히 여기는 재산이 그의 손아귀에서 떨어질 때
그는 눈물을 흘리지 않는다.
사랑하며 빵 껍질을 먹는 것을 더 낫게 생각하며
불명예스럽게 사는 것을 부러워하지 않는다.
사람에 대한 믿음을 잃지 않고 최선을 다한다.
그는 초라한 몫에도 불평하지 않는다.
그러나 미소와 희망의 말로 열정을 준다.
모든 고생하는 사람에게. 그는 홀로 위대하다.
인생의 영웅으로 운명을 정복하는 사람."

16장

투지

행운이 내게 화살통을 모두 비우게 하라.
내겐 넉넉한 방패 같은 영혼이 있다네.
모든 것을 받아들일 수 있고
더 많은 것을 위해 충분히 버틸 수 있다네. • 드라이든

저기 용감한 친구가 있다! 저기 용감한 남자가 있다!
할 말을 하는 걸 두려워하지 않는 남자,
마을 전체가 그를 반대해도. • 롱펠로

우리의 가장 큰 영광은 넘어지지 않는 것이 아니라 넘어질 때마다 다시 일어나는 것이다.

"야심 찬 인재에게 '여기까지만, 더 이상은 안 돼'라고 말할 장벽은 아직 세워지지 않았다." • 베토벤

피사로가 검으로 모래 위에 동쪽에서 서쪽으로 선을 그은 후 남쪽을 향해 서서 "친구들이여, 동지들이여, 저쪽에는 수고와 굶주림, 헐벗음, 폭풍우, 탈영, 죽음이 있고, 이쪽에는 안락과 쾌락이 있다"라고 말했다. "저쪽에는 부유한 페루가 있고, 이쪽에는 빈곤한 파나마가 있다. 각자 용감한 카스티야인이 될 수 있는 최선의 방법을 선택하라. 나는 남쪽으로 가겠다." 그렇게 말하면서 그는 선을 넘었고 갑옷을 입은 13명의 스페인 사람이 뒤를 따랐다. 그렇게 태평양의 작은 갈로 섬에서 피사로의 부하들이 파나마로 돌아가자고 외치고 있을 때, 피사로와 그의 소수의 지원자들은 강력한 잉카 제국에 대항하는 절박한 전쟁의 성공에 목숨을 걸기로 결심했다. 당시는 정복하고자 하는 나라로 그들을 수송할 배조차 없었다. 모든 어려움이 마침내 그러한 결연한 결심에 굴복했다고 덧붙일 필요가 있을까?

"인내는 로마인의 미덕이다.
그것은 모든 신과 같은 행동을 이끌어 성공을 일궈낸다.
험난한 위험의 창끝에서 성공을 거둔다."

해리엇 비처 스토는 "모든 것이 불리하게 돌아가 단 1분도 더 버틸 수 없을 것 같을 때에도 절대 포기하지 마라. 왜냐하면 그때가 바로 전세가 역전될 때와 장소이기 때문이다"라고 말했다.

찰스 섬너는 "강한 성격에는 세 가지가 필요하다. 첫째, 근성, 둘째, 근성, 셋째, 근성"이라고 말했다.

서기 79년, 베수비오 화산 폭발로 먼지와 화산재에 파묻힌 폼페이의 폐허를 파헤치던 인부들은 도시 성문의 한 초소 상자에서 한 로마 병사의 유골을 발견했다. 그는 근처 바위 밑에 숨을 수도 있었지만, 죽음을 눈앞에 두고도 자신의 자리를 지키며 로마 군단원의 철저한 규율과 끊임없는 경계심, 충성심을 증명했다.

예기치 않은 어려움에 굴하지 않고, 침착하고 인내심을 갖고 용감하게 자신의 운명과 맞서 싸우며, 필요하다면 자신의 자리에서 죽음을 맞이하는 이 남자를 세계는 존경한다.

"분명한 투지"는 항상 존경을 받는다. 이러한 자질은 성취를 이루며 모든 사람의 존경을 받는다. 당파와 원칙이 충돌하는 상황에서 두뇌가 없는 근성은 근성이 없는 두뇌와 싸울 것이다. 어떤 사람의 혀에 의견을 묶어 그를 그 의견의 대표자로 만들 수는 없다. 원칙을 위한 전투가 끝날 때 그는 죽은 사람도 부상자도 아닌 실종자 중에서 발견될 것이다.

〈런던 타임스〉는 월터 씨가 발행하는 보잘것없는 신문으로 손실을 계속 내고 있었다. 당시 겨우 27살이던 존 월터 주니어는 아버지에게 신문사의 모든 권한을 달라고 간청했다. 많은 고민 끝에 아버지는 동의했다. 이 젊은 기자는 신문사를 리모델링하고 곳곳에 새로운 아이디어를 도입하기 시작했다. 이 신문은 여론을 형성하려고 시도한 적이 없었고, 그만의 개성이나 특성도 없었다. 이 대담한 젊은 편집자는 정부가 부패했다고 생각될 때마다 모든 잘못, 심지어 정부까지 과감하게 공격했다.

그 후 대중 이용, 인쇄, 정부 광고가 끊어졌다. 아버지는 완전히 당황했다. 아들이 신문과 자신을 망칠 것이라고 확신했기 때문이다. 하지만 그 어떤 만류도 무게감, 개성, 독립성을 갖춘 훌륭한 신문을 세상에 내놓겠다는 아들의 뜻을 꺾을 수는 없었다.

대중은 곧 〈타임스〉의 배후에 새로운 힘이 있고, 기사가 그 신문사의 비즈니스이며, 보잘것없는 지면에 새로운 생명과 피와 아이디어가 주입되었고, 두뇌와 추진력과 끈질긴 목적을 가진 사람, 즉 길을 찾을 수 없을 때 길을 만들 수 있는 사람이 지휘하고 있다는 것을 알게 되었다. 다른 새로운 기능 중에는 해외 파견이 도입되었으며, 정부 기관에 등장하기 며칠 전에 〈타임스〉에 등장했다. "주요 기사"도 계속 소개되었다. 그 공격적인 편집자는 정부를 적대시했기에 그의 해외 파견은 모두 전초기지에서 가로막혔다. 친정부 성향의 기자들은 계속 진행할 수 있었다. 하지만 그 어떤 것도 이 결연한 젊은 정신을 꺾을 수는 없었다. 그는 막대한 비용을 들여 특별 속달원을 고용했다. 그를 가로막는 모든 장애물과 정부의 반대는 성공에 대한 그의 결심을 더할 뿐이었다. 기업가 정신, 추진력, 근성이 〈타임스〉의 배후에 있었고, 그 어떤 것도 그 발전을 멈출 수 없었다. 젊은 월터는 신문의 영혼이었고, 그의 개성은 모든 디테일에 스며들었다. 당시에는 최고의 인쇄기로 한 시간에 300부밖에 찍을 수 없었는데, 월터는 인쇄 활자를 이중, 심지어 삼중으로 세팅했다. 그런 다음 기지를 발휘하여 마침내 시간당 17,000부를 양면으로 인쇄할 수 있는 월터 프레스를 개발했다. 1814년 11월 29일은 증기기관으로 작동하는 인쇄기로 인쇄한 신문이 세상에 처음 나온 날이다.

"비열한 본성은 위대한 본성 앞에서 일종의 공포를 느낀다. 한 고귀한 사람의 책망이 불러일으키는 공포로 인해 많은 야비한 생각이 말로 모습을 드러내지 않았고 많은 교활한 투표가 보류되었다." 원칙적으로 순수한 근성과 인격이 우선권을 갖는다. 투지와 건전한 인격이 스며든 남성의 존재 앞에서 조악함과 비열함은 시야에서 사라진다. 비열한 남자는 불편하고, 부정직한 남자는 몸을 떨며, 위선적인 남자는 확실하지 않다.

링컨은 한 불안한 방문객으로부터 남부의 반란이 진압되지 않으면 3~4년 후에 어떻게 할 것인지 묻는 질문에 이렇게 대답했다. "아, 계속 끈기 있게 하는 것 외에는 대안이 없습니다."

셰리던은 의회에서의 첫 연설이 실패했기 때문에 다시는 연설가가 되지 않을 것이라고 사람들이 숙덕이는 말을 들었을 때 "그것은 내 안에 있고, 내 밖으로 나올 것이다"라고 말했다. 그는 당대 최고의 연설가 중 한 명으로 유명해졌다.

어렸을 때 헨리 클레이는 수줍음이 많고 자신감이 없어 학급 앞에서 낭독하는 것을 거의 엄두도 내지 못했지만 연설가가 되기로 결심했다. 그래서 그는 옥수수밭이나 말과 소가 있는 헛간에서 청중을 위해 연설문을 작성하고 낭독했다.

만약 불가능이 존재한다면, 사람들이 흔히 말하는 그 불가능은 청각 장애인이자 동양 학문의 대가인 키토의 탄생과 죽음 사이의 어딘가에서 발견되어야 했다. 하지만 키토는 거기서 불가능을 발견하지 못했다. 그의 결단과 왕과 같은 에너지 앞에서 불가능은 녹아 없어졌다. 키토는 아버지에게 호텐토트족처럼 살아도 괜찮으니 자신을 빈민가에서 꺼내달라고 간청했다. 아버지는 그에게 책을 팔고 손수건을 전당포에 맡기면 12실링 정도는 받을 수 있을 것 같다고 말했다. 그는 산딸기, 도토리, 야생 무를 먹고 살 수 있으며 건초더미 위에서 잠을 잘 수도 있다고 말했다. 여기에 진정한 투지가 있다. 그런 단호한 불굴의 의지 앞에 불가능은 무엇이었을까?

투지는 체질의 구조와 조직 속으로 들어가는 영구하고 견고한 자질이다.

남북전쟁에 참전한 많은 장군이 영웅적인 면모를 보였고, "용감하고" 종종 대단한 결단력을 보여주었지만, 그랜트는 가장 집중된 형태의 순수한 "투지"를 지녔다. 그는 자아가 강하고 동요하지 않았다. "그에게서 선거 계획을 끌어내려고 하면 그는 굳건히 담배를 피운다. 그를 멍청하고 실수하는 사람이라고 부르면 그는 담담하게 다른 시가에 불을 붙인다. 그를 가장 위대한 장군이라고 칭찬하면 그는 예복을 입은 채로 담배를 뻐끔뻐끔 피운다. 그에게 대통령에 출마해야 한다고 말하면 그는 정치인의 약속을 대표하는 듯한 실체 없는 증기를 들이마시고 내쉬면서 평정심을 방해받지 않는다. 혀가 없는 이 남자가 도대체 어떤 존재인지 궁금해하는 동안, 당신은 화려한 승리의 소식에 전율한다. 시가 뒤에, 그리고 모든 표정이 사라진 얼굴 뒤에 공화국 장군 중 가장 뛰어난 두뇌와 가장 강한 심장이 있다는 것을 알게 된다."

링컨은 순수한 "투지"를 지녔다. 사방에서 그를 풍자하는 삽화 신문이 난무하고, 그에게 너무 가혹한 별명이 붙을 때, 자신의 당에서 그의 방식을 비판하고, 전쟁에 참여한 장군들이 그랜트에 대한 그의 "어리석은" 신뢰를 비난하고, 대표단이 그 장군의 해임을 요청하기 위해 그를 기다리고 있을 때, 이 위대한 대통령은 다리를 꼬고 앉아서 그들에게 말할 이야기를 떠올렸다고 한다.

링컨과 그랜트 모두 조롱에 개의치 않고, 대중의 외침에 흔들리지 않으며, 욕설과 증오를 견딜 수 있는 보기 드문 배짱을 지녔다. 진실에는 강한 힘이 있으며, 진실의 배후에 있는 숭고한 신념과 최고의 자신감에도 강한 힘이 있다. 진실은 강하다는 지식과 진실은 승리한다는 확신에도 강한 힘이 있다.

순수한 투지는 사람이 자신의 목표를 굳게 잡고 목적의 바늘이 희망의 별을 가리키도록 하는 인격의 요소이다. 햇빛과 폭풍, 허리케인과 폭우, 진눈깨비와 비, 물이 새는 배, 반란을 일으킨 선원들 속에서도 투지는 인내한다. 사실 죽음만이 투지를 제압할 수 있고, 투지는 고군분투하다 죽음을 맞이한다.

투지의 사람은 자신의 존재 자체에 통제하고 명령하는 힘을 지니고 있다. 그는 모든 행동에서 투지를 말하기 때문에 자신을 선언할 필요가 없다. 투지는 우연히 생겨나는 것이 아니라 그의 삶의 일부이다. 그것은 숭고한 대담함과 영웅적 용기를 불러일으킨다. 인생의 많은 실패는 투지나 사업 근성이 부족하기 때문이다. 젊은이가 약하고 양보하는 기질로 사업 생활을 시작하고, 자신의 진로를 정하고 그것을 고수할 결심이나 근성이 없으며, 단호하게 "아니오"라고 말할 능력이 없고, 가망 없는 투기에 투자하고, 친구를 불쾌하게 하기보다는 의심스러운 말을 두둔하는 것은 불행한 일이다.

한 소년이 스케이트를 어떻게 배웠는지 물었다. "아, 넘어질 때마다 일어났어요"라고 그가 대답했다.

휘플은 패배의 문턱에서 승리를 쟁취한 마세나의 이야기를 들려준다. "에슬링 전투에서 패배한 후, 나폴레옹이 패배한 군대를 철수시키려는 시도의 성공은 마세나의 성격에 달려 있었다. 나폴레옹은 전령을 보내 그에게 아스페른에서 2시간 더 자리를 지키라고 지시했다. 요청 형식으로 전달된 이 명령은 거의 불가능에 가까운 것이었지만, 나폴레옹은 이 명령을 받은 사람의 불굴의 집념을 알고 있었다. 전령은 폐허 더미에 앉아 있는 마세나를 발견했다. 그의 눈은 충혈되어 있었으며, 40시간 동안의 극심한 격투로 인해 체력이 약해져 있었고, 그의 외모는 전장보다는 병원에 더 적합한 상태를 나타내고 있었다. 하지만 그의 굳건한 영혼은 신체적 굴복에 전혀 영향을 받지 않는 것처럼 보였다. 피로에 지쳐 반쯤 죽어 있던 그는 고통스럽게 일어나 '황제에게 두 시간을 버티겠다고 전해 주십시오'라고 용감하게 말했다. 그리고 그는 약속을 지켰다."

알렉산드로스 대왕에 대해 매콜리는 "전투에서 종종 패했다" 하면서도 "그는 전쟁에서 항상 이겼다"라고 말했다.

마렝고 전투에서 오스트리아군은 이날을 승리로 간주했다. 프랑스 군대는 수적으로 열세에 놓여 물러났다. 오스트리아 군대는 오른쪽과 왼쪽으로 날개를 펴고 프랑스군을 추격했다. 프랑스군은 전투에서 졌다고 생각하고 오스트리아군은 이겼다고 확신하고 있을 때 나폴레옹이 돌격 명령을 내렸고, 나팔을 불자 근위대는 약해진 적의 중심부로 돌진해 적을 둘로 자르고 양쪽 날개를 말아 올렸다. 전투는 프랑스의 승리로 돌아갔다.

한번은 네이 장군이 전투에 나설 때, 서로 부딪히는 자신의 무릎을 내려다보며 "내가 널 어디로 데려갈지 안다면 더 크게 떨 것이다"라고 말했다고 한다.

군인에게는 승리에 승리를 거듭하고, 학자에게는 공부에 공부를 거듭하고, 노동자에게는 망치질에 망치질을, 농부에게는 작물에 작물을, 화가에게는 그림에 그림을, 여행자에게는 마일에 마일을 거듭하는 것이 모두가 그토록 원하는 성공이라는 것을 확보하는 길이다.

촉망받던 하버드대 학생이 양쪽 다리가 마비되는 사고를 당했다. 의사들은 그에게 희망이 없다고 말했다. 하지만 이 청년은 대학 공부를 계속하기로 결심한다. 시험관들은 그의 병상 옆에서 그의 구술시험을 들었고, 그는 4년 만에 학위를 취득했다. 그는 단테에 대한 비판적 연구를 하기로 결심했다. 이를 위해 이탈리아어와 독일어를 배워야 했다. 그는 반복되는 질병과 부분적인 시력 상실에도 불구하고 인내했다. 그는 대학 상을 놓고 경쟁하고 있었다. 어쩔 수 없이 침대에 누워 상을 받기 위해 경쟁하며 조금씩 죽음과 싸우는 마비된 청년을 생각해 보라! 대단한 교훈이 아닐 수 없다! 원고가 출판되거나 상이 수여되기 전에 그 용감한 학생은 죽었지만, 그의 작품은 성공이었다.

윌리엄 W. 크래포 하원의원은 대학 다닐 때 너무 가난해 사전을 살 돈이 없어 매사추세츠주 다트머스에 있는 집에서 뉴베드퍼드까지 걸어가 도서관에서 사전을 찾아 단어와 뜻을 옮겨 적었다.

오, 이 불굴의 정복자 정신의 승리! 프랭클린이 인쇄소에서 책을 손에 들고 작은 빵 한 덩어리로 식사를 대신할 수 있었던 것도 바로 이 덕분이었다. 로크가 네덜란드의 창고에서 빵과 물로 생활할 수 있었던 것도 이 덕분이었다. 기드온 리가 반쯤 굶주린 채 얇은 옷을 입고 맨발로 눈밭을 걸을 수 있게 해주었다. 링컨과 가필드가 통나무집에서 백악관으로 가는 힘든 여정을 버틸 수 있게 해주었다.

채드본 대통령은 잃어버린 폐를 대신해 투지를 이용했고, 장례식이

예정된 후에도 35년이나 더 일했다.

헨리 포셋은 시력 대신 투지를 발휘하여 영국 역사상 가장 위대한 우정청장이 되었다.

프레스콧 역시 시력 대신 투지를 발휘하여 미국 최고의 역사가 중 한 명이 되었다. 프랜시스 파크먼은 건강과 시력 대신 투지를 택하여 그의 대에서 미국 최고의 역사가가 되었다. 수천 명의 사람이 건강, 눈, 귀, 손, 다리 대신 투지를 이용하면서도 놀라운 성공을 거두었다. 실제로 세상의 위대한 일은 대부분 투지와 근성으로 이루어졌다. 이러한 자질을 가진 사람을 막을 수는 없다. 그는 걸림돌을 디딤돌로 만들어 자신을 성공으로 끌어올릴 것이다.

50살에 바넘은 가진 것보다 수천 달러를 더 빚진 망한 사람이었지만, 그는 단호하게 사업을 다시 시작해 불리한 운에서 성공을 거두면서 동시에 빚을 모두 갚았다. 그는 몇 번이나 망했지만 불사조처럼 불행의 잿더미에서 매번 이전보다 더 단호하게 일어났다.

찰스 J. 폭스는 "어떤 젊은이가 훌륭한 첫 변론으로 두각을 나타냈다는 것은 아주 좋은 일이다"라고 말했다. "그는 계속 나아갈 수도 있고 첫 번째 승리에 만족할 수도 있지만, 처음에 성공하지 못했을지라도 계속 나아간 젊은이를 나에게 보여준다면 그 젊은이가 첫 번째 재판에서 성공한 대부분의 사람보다 더 잘할 수 있도록 지원할 것이다."

코브던은 맨체스터의 연단에 처음 섰을 때 완전히 무너졌고, 의장은 그를 위해 사과했다. 그러나 그는 영국의 모든 가난한 사람이 더 크고, 더 좋고, 더 싼 빵을 가질 때까지 연설을 포기하지 않았다.

미움과 핍박을 받는 종족에서 태어나 기회 없이 중산층과 상류층을 거쳐 정치 및 사회 권력의 정점에 우뚝 선 디즈레일리를 보라. 하원에서 비웃음과 조롱, 거절과 야유를 받으면서도 그는 "언젠가는 내 말을 들을 때가 올 것이다"라고 말했다. 그리고 그때가 왔고, 기회조차 없던 소년은 25년 동안 영국을 지배했다.

역사상 가장 주목할 만한 사례 중 하나는 디즈레일리가 자기 종족에 대한 편견이 가장 심하고 자수성가한 사람과 침입자에 대한 경멸이 극에 달하던 바로 그 당에 그의 리더십을 강요한 것이다. 이 하찮은 히브리인이 실제로 재무장관이 되었을 때 영국이 얼마나 놀랐을지 상상해보라! 그는 수사학의 무기고에서 구할 수 있는 무기를 사용해 고문하는 데 능숙했고, 가장 혹독한 비난의 자원을 소진할 수 있었다. 그는 글래드스턴이 자제력을 잃게 할 수 있었다. 그는 자신과 자신의 상황에 절대적 주인이었다. 이 청년은 세상에서 자신의 길을 개척하고자 했다. 결연한 대담함이 그의 얼굴에 가득했다. 미워할 수 없는 히브리인의 피가 흐르는 잘생긴 그는 국회의원 선거에서 세 번이나 떨어졌지만 언젠가 자신의 날이 올 것을 알았기에 조금도 주눅 들지 않았다. 위대한 총리였던 멜버른 경은 이 유쾌한 청년을 소개받았을 때 그에게 장래 희망이 무엇이냐고 물었다. "영국 총리가 되고 싶어요"라고 그는 대담하게 대답했다.

윌리엄 H. 수어드는 아버지로부터 대학에 가는 돈으로 1천 달러를 받았다. 이것이 그가 가진 전부였다. 아들은 1학년이 끝날 무렵 사치스러운 습관에 빠져 돈을 탕진하고 돌아왔다. 아버지는 더 이상 돈을 줄 수 없으며 집에 있을 수 없다고 말했다. 가지고 있는 것을 모두 날리고 이제 가라앉거나 헤엄쳐야 한다는 사실을 알게 된 그는, 돈도 없이 집을 나와 대학에 복학해 수석으로 졸업하고 법학을 공부한 후 뉴욕 주지사로 선출되어 남북전쟁 당시 링컨의 위대한 국무장관이 되었다.

가필드는 "만약 열심히 할 수 있는 힘이 재능이 아니라면, 그것은 재능을 대체할 수 있는 최선의 방법이다"라고 말했다. 기회의 땅 미국에서 천한 출생과 가혹한 운명을 이겨낸 근면과 투지의 승리는 자신의 운명에 대해 불평하는 모든 사람을 부끄럽게 만들기에 충분할 것이다. 그들은 목표가 없고, 변화하지 않으며, 기회가 없어 성공하지 못했다고 변명한다.

1812년 전쟁의 어느 겨울, 식량도 없고 굶주린 잭슨 장군의 군대는 반란을 일으켜 고향으로 돌아가려 했다. 그러나 장군은 도토리로 연명하는 모범을 보였고, 반란하려는 군사들 앞에 가서 가장 먼저 떠나는 놈을 즉사시키겠다고 협박했다.

경주가 항상 빠른 자에게만 유리한 것은 아니며 전투가 항상 강한 자에게만 유리한 것은 아니다. 말은 때때로 경주에서 무게를 더 지거나 방해를 받으므로, 결과를 예측할 때 이것을 고려한다. 마찬가지로 인생의 경주에서도 거리로만 상이 결정되지 않는다. 우리는 장애물, 우리가 짊어진 무게, 교육, 양육, 훈련, 주변 환경, 상황의 불이익을 고려해야 한다. 얼마나 많은 젊은이가 빚과 가난, 무능력한 부모나 형제자매 또는 친구의 부양에 짓눌려 있는가? 얼마나 많은 젊은이가 무지에 얽매여 있고, 열악한 환경과 그들을 이해하지 못하는 부모의 반대에 가로막혀 있는가? 얼마나 많은 동그란 소년이 네모난 구멍에 갇혀 경주에 방해를 받고 있는가? 아무도 믿어주지 않아서, 아무도 격려해주지 않아서, 아무도 동정해주지 않아서 얼마나 많은 젊은이가 지체하고 있는가? 자기 존재의 모든 조직이 항거하고 마지막 피 한 방울까지 흘리는 반항을 하지 않아 영원히 고문당하는 젊은이가 얼마나 많은가? 얼마나 많은 사람이 목표에 도달하는 길에서 경험 부족과 무지의 맹목을 느끼고 있는가? 얼마나 많은 사람이 자신이 선택한 직업에 대한 초기 훈련과 수련 부족으로 엉뚱한 길을 가고 있는가? 얼마나 많은 사람이 자립하는 법을 배우지 못해 아버지의 부나 어머니의 방종에 기대는 데 익숙해져 목발을 짚고 비틀거리며 걷고 있는가? 얼마나 많은 사람이 방종, 방탕, "인생을 빼앗는 것들"로 인생의 여정에서 약화되어, 질병, 허약 체질, 시력이나 청력 장애로 불구가 되는가?

인생의 상이 최종으로 수여될 때, 우리가 달렸던 거리, 우리가 짊어진 무게, 우리에게 있는 장애가 모두 고려될 것이다. 우리가 달렸던 거리가 아니라 우리가 극복한 장애, 우리가 경주한 불리한 조건이 상을 결정할 것이다. 알 수 없는 유혹을 뿌리치고 달려온 불쌍한 사람, 슬픔을 가슴에 묻고 지친 삶을 꿰매며 달려온 불쌍한 여인, 침묵 속에서 학대를 당하고 동료 주자로부터 인정받지 못하거나 멸시를 받아온 사람이 더 큰 상을 받게 될 것이다.

"현명하고 적극적인 사람은 어려움을 정복한다.
대담하게 시도함으로써.
게으르고 어리석은 사람은 수고와 위험 앞에서 떨고 주저앉는다.
그리고 그들이 두려워하는 불가능을 만든다."

"난 못 해요, 불가능해요." 좌절한 중위가 알렉산드로스에게 말했다. 이에 그 마케도니아 정복자는 "썩 꺼져라. 노력하는 자에게 불가능은 없다"라고 외쳤다.

큰 희망을 품고 인생을 시작한 사람 중 많은 이가 실패한 이유를 한마디로 표현하라는 요청을 받는다면 나는 주저 없이 의지 부족이라고 말할 것이다. 그들은 의지의 절반도 실행할 수 없었다. 의지가 없는 사람은 무엇인가? 그는 증기 없는 엔진과 같으며, 우연의 장난감일 뿐이며, 의지 있는 사람의 자비에 따라 여기저기 던져지는 존재이다. 나는 의지의 힘을 젊은이의 가능성에 대한 시험이라고 부르고 싶다. 그는 의지가 강하고, 착수한 모든 것을 철과 같이 붙잡을 수 있는가? 철옹성 같은 의지가 삶을 강하게 붙잡는다. 모든 것이 밀고 밀리는 이기적이고 탐욕스러운 이 혼잡한 세상에서 의지도 없고 삶에 대한 굳건한 붙잡음도 없는 젊은이에게 무슨 기회가 있을까? 나폴레옹은 "진정한 지혜는 단호한 결단"이라고 말했다. 원칙이 없는 강철 같은 의지는 나폴레옹을 만들 수 있을지 모른다. 그러나 인격이 있는 의지는 야망이나 탐욕에 물들지 않는 웰링턴이나 그랜트를 만들 수 있다.

"분열되지 않는 의지,
그것이 요소들을 강제해
무관심한 공기에서 인간의 음악을 짜낸다."

17장

용기

스파르타군은 적이 몇 명인지 묻지 않고 어디에 있는지만 물었다.

• 아기스 2세

용감한 자여, 고귀한 자여, 높은 로마인의 방식을 따라 죽음이 우리를 자랑스럽게 만들자.

• 셰익스피어

적과 맞서 싸우다 죽게 하소서.

• 베야르

나를 정복하려는 자는 완고한 적을 만나리라.

• 바이런

위대한 업적은 확실성을 찾느라 움찔하는 자에 의해 이루어지지 않는다.

• 조지 엘리엇

행운은 용감한 자의 친구이다.

• 드라이든

피할 수 없는 내기에 맞서 웃는 얼굴로 서 있기, 그것은 의심할 여지없이 영웅적인 일이다. 하지만 진정한 영광은 피할 수 없는 것을 받아들이는 것이다. 사슬에 얽매이지 않고, 자유롭게 떠날 수 있는 완전한 자유를 누리며, 오직 더 높은 의무의 주장만 붙잡고 심장에 불길이 솟게 하는 것, 이것이 바로 영웅주의이다.

• F. W. 로버트슨

"침착하라, 제군들! 모든 사람은 각자 서 있는 곳에서 죽어야 한다!" 압도적인 러시아 기병대가 쓸고 내려오자 콜린 캠벨이 발라클라바에 있는 제93하이랜더에 말했다. "알겠습니다, 콜린 경! 그렇게 하겠습니다!" 병사들의 대답이 돌아왔고, 많은 병사가 복종하며 약속을 지켜야 했다.

"깃발을 거두어라." 알마 전투에서 지휘관이 병사들이 후퇴하고 있음에도 불구하고 전선을 지키고 있는 기수에게 외쳤다. "아닙니다." 그 기수가 외쳤다. "병사들을 깃발로 데려오십시오."

"도전하고, 또 도전하고, 끝없이 도전하는 것"은 프랑스의 적들에 대한 당통의 고귀한 도전이었다. 미라보는 1789년 6월 23일, 해산하라는 국왕의 명령을 가져온 드 브레즈에게 "프랑스 평의회가 심의하기로 결의했다"라고 말했다. "우리는 국왕의 의도를 들었다. 국회에서 국왕의 기관으로 인정받을 수 없는 당신, 즉 장소도, 목소리도, 발언권도 없는 당신은 국왕의 메시지를 우리에게 전달할 사람이 아니다. 가서 당신을 보낸 사람들에게 우리가 국민의 힘으로 여기 있으며, 총검의 힘이 아니라면 우리는 그렇게 쫓겨나지 않을 것이라고 말하라."

로마 원로원 의원들이 레굴루스에게 카르타고와 맺은 약속이 불법이니 돌아가지 말라고 간청하자 그는 이렇게 대답했다. "저를 불명예스럽게 만들기로 작정하셨습니까? 고문과 죽음이 저를 기다리고 있지만, 오명을 낳는 행위에서 오는 수치심이나 죄책감으로 생기는 상처는 어떻게 되는 건가요? 저는 카르타고의 노예가 되었지만 여전히 로마인의 정신을 가지고 있습니다. 저는 돌아가겠다고 맹세했습니다. 그것이 제 의무입니다. 나머지는 신들에게 맡깁니다."

메리 즉위 이후 크랜머가 보여줬던 용기는 그의 최후가 발표되는 순간 사라졌다. 헨리 8세의 욕망과 독재에 비참하게 순응하는 모습에서 드러났던 도덕적 비겁함은 사면을 받기 위해 여섯 차례에 걸쳐 신념을 철회하는 과정에서 다시 한번 드러났다. 그러나 사면은 불가능했고, 크랜머의 이상하게 뒤섞인 본성은 3월 21일 옥스퍼드의 성 메리 교회로 끌려가 화형장으로 향하는 길에 다시 한번 철회하는 나약함 속에서 힘을 발휘했다. 그는 조용히 있는 회중 앞에서 연설을 끝냈다. "이제 저는 제 생애에서 말하거나 행동한 다른 어떤 것보다도 제 양심을 괴롭히는 큰일에 이르렀는데, 그것은 진리에 어긋나는 글을 표출한 것입니다. 저는 지금 여기서 죽음이 두려워 혹시라도 목숨을 부지할 수 있을까 봐 제 마음에 생각하는 진리와 어긋나게 썼던 글들을 철회하고 거부합니다. 그리고 제 손이 제 마음과 반대되는 글을 써서 불쾌감을 주었으므로 가장 먼저 벌을 받을 것이며, 제가 불에 들어가면 가장 먼저 불에 탈

것입니다." 그는 화형대에서 다시 "이것이 그 글을 쓴 손이다. 그러므로 이 손이 가장 먼저 형벌을 받을 것"이라고 외쳤고, 불길 속에서 손을 꼿꼿이 들고서 "생명이 다할 때까지 움직이지도 울지도 않았다."

1750년 고요하고 화창한 어느 날, 버지니아 북부의 한 숲에서 저녁 식사를 하던 측량사 일행이 갑자기 한 여인의 날카로운 비명에 깜짝 놀랐다. 비명은 연이어 반복되었고, 남자들은 그 원인을 알아내기 위해 덤불 사이로 뛰어들었다. "오, 선생님." 그 여자는, 18세의 청년이지만 키와 체격이 건장한 남자를 발견하고 외쳤다. "당신은 반드시 저를 위해 무언가를 해주실 것입니다! 이 친구들이 나를 놓아주게 해주세요. 내 아들, 내 불쌍한 아들이 물에 빠져 죽어 가는데 저들이 나를 놓아주지 않아요!" "그건 미친 짓이에요, 저 여자는 강으로 뛰어들 거예요. 그러면 급류에 휩쓸려 순식간에 산산조각이 날 거예요!" 여자를 붙들고 있던 남자 중 한 명이 말했다. 그 청년은 외투를 벗어 던지고 둑 가장자리로 달려가 바위와 소용돌이치는 물살을 잠시 살핀 뒤 소년의 옷 일부를 보고 포효하는 급류 속으로 뛰어들었다. "하느님, 감사합니다. 저분이 제 아이를 구할 것입니다!" 어머니가 외쳤고 모두가 벼랑 끝으로 달려갔다. "저기 있습니다! 오, 내 아들, 내 사랑스러운 아들! 내가 어떻게 너를 떠날 수 있겠니?"

그러나 모든 시선은 저 아래 소용돌이치는 물살 속에서 강인한 마음과 희망으로 고군분투하는 젊은이에게 쏠렸다. 이제 그는 물이 거품으로 날아가는 돌출된 바위에 부딪힐 것처럼 보였고, 곧 소용돌이가 그를 끌어당겨 탈출이 불가능할 것 같았다. 소년은 두 번이나 시야에서 사라졌지만, 두 번째에 강에서 가장 위험한 곳 근처에서 끔찍하게 다시 나타났다. 이곳의 물살은 엄청났고, 카누를 타고도 소년이 산산조각이 날까 봐 아무도 접근하지 못했다. 청년은 노력을 두 배로 늘렸다. 그는 세 번이나 아이를 붙잡으려고 했지만 더 강한 소용돌이가 일어나 아이를 던져버렸다. 마지막 힘을 다해 오른팔로 아이를 붙잡았지만, 소년과 남자가 폭포 위로 솟구치고 격렬한 물살 속으로 사라지자 모든 관중의 입술에서 공포의 외침이 터져 나왔다.

"저기 있네!" 잠시 후 어머니가 기쁨에 넘쳐 외쳤다. "봐요! 그들은 안전해요! 위대한 신이시여, 감사합니다!" 그리고 확실히 그들은 끓는 소용돌이에서 무사히 빠져나왔고, 몇 분 만에 강둑의 낮은 곳에 도착하여 친구들에 의해 끌어올려졌다. 소년은 의식이 없었지만 여전히 살아 있었고, 젊은이는 거의 탈진하다시피 했다. "하느님이 당신에게 상을 주실 거예요." 감사하는 여자가 엄숙하게 말했다. "그분은 오늘의 일에 대한 보답으로 당신을 위해 큰일을 하실 것이며, 저 외에도 수천 명이 보내는 축복이 당신과 함께할 것이에요."

그 청년은 조지 워싱턴이었다.

"전하께서는 동물적 용기의 기관이 크게 발달하지 않았습니다." 웰링턴의 머리를 진찰하던 신경학자가 말했다. "당신 말이 맞는다." 철의 공작이 대답했다. "하지만 나는 사명의식 때문에 첫 싸움에서 후퇴했어야 했다." 인도 전장에서 벌어진 첫 전투는 기록상 가장 끔찍한 전투의 하나였다.

잭슨 장군이 판사로서 작은 정착촌에서 재판을 진행하고 있을 때, 살인자이자 무법자인 국경의 깡패가 잔인한 폭력을 휘두르며 법정에 들어와 재판을 방해했다. 판사는 그를 체포하라고 명령했다. 경관은 감히 그에게 접근하지 못했다. 판사는 "치안대를 불러서 그를 체포하라"라고 말했다. 그러나 그들 또한 깡패의 두려움에 움츠러들었다. "그럼 나를 부르라." 잭슨이 말했다. "이 법정은 5분간 휴정한다." 그는 자리에서 나와 그 남자에게 곧장 걸어가 독수리 눈빛으로 겁을 주었고, 그 괴한은 무기를 내려놓았다. 나중에 그 남자는 "그의 눈에는 내가 저항할 수 없는 무언가가 있었다"라고 말했다.

프랑스 카르노 대통령의 마지막 공식 활동 중 하나는 인디애나에 사는 어린 미국 소녀에게 프랑스 레지옹 도뇌르 훈장을 수여하는 것이었다. 당시 10살이던 제니 캐리는 저명한 프랑스인들을 태운 팬 핸들 철도 열차가 시카고 세계박람회를 향해 가던 중 가대(架臺)에서 불이 났고, 목적지에 곧 도착할 것이기 때문에 안으로 들어오면 끔찍한 사고가 일어날 것을 발견했다. 그래서 그녀는 선로를 따라 조금 떨어진 곳에서 자신을 볼 수 있는 곳으로 달려갔다. 그러고는 기차가 시야에 들어오자 빨간 플란넬 치마를 벗어 선로를 가로질러 앞뒤로 흔들었다. 그 모습이 보이자 기차가 멈췄다. 기차 안에는 700명의 사람이 타고 있었는데, 제니의 용기와 정신력이 아니었다면 많은 사람이 죽었을 수도 있었다. 프랑스에 돌아온 프랑스인들은 이 사건을 카르노 대통령에게 알렸고, 그 결과 용기와 공로를 기리는 목적이라면 어디서든 받을 수 있는 이 유명한 프랑스 사회의 메달을 보내게 되었다.

강력한 포와탄 왕이 존 스미스 선장에게 죽음을 선고했을 때 그의 목숨을 구한 것은 한 인도 소녀의 영웅적인 헌신이었다. 당시 어려움을 겪고 있던 식민지에서는 존 스미스를 살릴 방법이 없었다.

1796년 5월 10일, 나폴레옹은 오스트리아 포대에 맞서 로디에 있는 다리를 점령했다. 대포 14문(일부 기록에 따르면 30문)이 프랑스 쪽 구성 끝에 대기하고 있었다. 그 뒤에는 6천 명의 병력이 있었다. 나폴레옹은 4천 명의 수류탄병과 300명의 카빈병 대대를 다리의 선두에 배치했다. 북소리가 울리자 최선봉에 있던 공격대가 우박처럼 쏟아지는 산탄과 대포를 맞으며 다리로 이어지는 문을 통과하려고 시도했다. 선두 대열은 수확하는 낫 앞의 곡식 줄기처럼 쓰러졌고, 대열은 비틀거리며 뒤로 휘청거렸으며, 용감한 수류탄병들은 그들 앞에 놓인 임무에 겁에 질렸다. 나폴레옹은 어떤 말이나 비난의 눈빛도 보내지 않고 그들 앞에 섰고, 보좌관과 장군들은 그의 곁으로 달려갔다. 이번에는 통로를 꽉 막은 시체 더미를 넘어 다시 전진했고, 초 단위로 계산되는 빠른 달리기로 대열은 200야드의 빈 공간을 가로질러 이동했다. 소대가 첫 도약을 위해 밀고 간 지점 너머에는 오스트리아군의 총알이 거의 영향을 미치지 않았다. 너무 갑작스럽고 기적적인 일이었기 때문에 오스트리아 포병들은 전선으로 달려가 프랑스의 맹공격에 맞서는 대신 패닉에 빠져 순식간에 총을 버리고 도망쳤다. 나폴레옹의 작은 체구와 덩치 큰 수류탄병의 대조는 "꼬마 상병"이라는 별명을 만들어냈다.

콜론나의 스티븐이 야비한 공격자들의 손에 넘어갔을 때, 그들은 그에게 "지금 당신 요새는 어디 있지?"라고 조롱 섞인 질문을 던졌다. "여기 있다." 그는 가슴에 손을 얹고 담담하게 대답했다.

멕시코 전쟁이 끝난 후 매클렐런 장군은 태평양 연안을 측량하는 지형 기술자로 고용되었다. 그는 밴쿠버에 있는 본사에서 두 명의 동료, 한 명의 군인, 한 명의 심부름꾼과 함께 탐험을 떠났다. 어느 날 저녁 컬럼비아강 부족의 추장들이 그와 회담하기를 원한다는 소식을 들었다. 전령의 태도로 보아 인디언들이 나쁜 짓을 하려는 것 같아서 동료들에게 즉시 캠프를 떠날 준비를 하고 있어야 한다고 경고했다.

그는 말을 타고 대담하게 인디언 마을로 들어갔다. 약 30명의 추장이 회의를 열고 있었다. 매클렐런은 원 안으로 인도되어 솔티즈의 오른편에 앉게 되었다. 매클렐런은 치누크족 말에 익숙해 회의에서 하는 모든 말을 이해할 수 있었다. 솔티즈는 그 부족이 겪은 고통을 알렸다. 두 명의 인디언이 백인 개척자에게 절도죄로 붙잡혀 교수형을 받았다. 이 분노에 대한 복수가 절실해 보였다. 추장들은 오랫동안 고민했지만 할 말이 거의 없었다. 매클렐런은 그들과 우호적인 관계에 있었고, 숲 처형에 대한 책임이 없었지만, 어쨌든 그는 백인이었고 추장들은 그 인종에 대한 복수를 맹세했다. 회의는 형벌이 통과되기까지 몇 시간 동안 연장되었고, 솔티즈는 부족장들의 이름으로 매클렐런을 즉시 사형에 처해야 한다고 선언했다.

매클렐런은 아무 말도 하지 않았다. 그는 정의나 자비에 대한 논쟁과 탄원이 소용없다는 것을 알고 있었다. 그는 자신의 운명에 무관심한 듯 움직이지 않았다. 그의 무심한 태도는 체포하려는 자들의 경계를 허물어뜨렸다. 형이 선고되자 그는 섬광처럼 행동했다. 그는 왼팔로 솔티즈의 목을 휘감고서 리볼버를 꺼내 추장의 관자놀이에 바짝 들이댔다. "그 형을 취소하지 않으면 당장 죽여버리겠다!" 그는 손가락으로 방아쇠를 누르며 외쳤다. "취소한다!" 솔티즈는 두려움에 휩싸여 상당히 격앙된 목소리로 외쳤다. "나는 이곳을 안전히 떠날 수 있다는 약속을 받아야겠다." "당신은 솔티즈의 말을 받는다"라는 답이 즉각 돌아왔다.

매클렐런은 자신이 받은 서약이 얼마나 신성한 것인지 알고 있었다. 리볼버를 내렸다. 솔티즈는 강한 팔의 휘감김에서 풀려났다. 매클렐런은 리볼버를 손에 들고 천막 밖으로 걸어 나갔다. 아무도 그를 대항하는 손을 들지 않았다. 그는 말을 타고 자신의 캠프로 향했고, 두 명의 동행자는 안장에 올라 마을에서 탈출할 준비를 하고 있었다. 그는 빠른 지각력과 용기, 그리고 인디언의 특성에 대한 정확한 지식 덕분에 목숨을 건질 수 있었다.

1856년 루퍼스 초이트는 매사추세츠주 로웰에서 약 5천 명의 청중 앞에서 제임스 뷰캐넌의 대통령 출마를 지지하는 연설을 했다. 연설이 진행되면서 대강당 바닥이 점점 가라앉기 시작했고, 결국 밑에서 나무가 갈라지는 소리가 들릴 정도로 치명적인 결과를 초래할 수 있는 상황이 벌어졌다. 사회를 맡은 버틀러의 냉정함이 없었다면 큰 사고로 이어졌을 것이다. 그는 사람들에게 조용히 있으라고 말하면서 경보할 만한 이유가 있는지 살펴보겠다고 말했다. 그는 바닥의 지지대가 너무 나빠서 조금만 박수를 쳐도 청중이 건물 폐허에 묻힐 가능성이 있음을 발견했다. 그는 다소 여유로운 표정으로 단상으로 돌아와 초이트를 향해 가면서 "우리 모두 5분 안에 가라앉을 듯합니다"라고 속삭였고, 청중에게 천천히 해산하면 당장 위험하지는 않는다고 말했다. 가장 위험한 곳은 지지대가 가장 약한 바닥 지점이며, 그와 동료들이 맨 마지막에 나갈 것이라고 덧붙였다. 의심할 여지 없이, 그의 냉정함으로 많은 생명을 구할 수 있었다.

와인을 자유롭게 따르는 세련된 만찬 파티에 많은 저명한 외국 및 미국 정치가들이 참석했지만 당시 미국 부통령이던 슐러 콜팩스는 제공된 잔을 마시는 것을 거부했다. 이미 과음한 한 상원의원이 "콜팩스는 술을 마실 엄두도 내지 못하는군"이라고 비웃었다. "당신 말이 맞는다." 부통령은 "나는 무모하지 않다"라고 대답했다.

수년 전 그랜트가 휴스턴에 갔을 때 그는 열렬한 환영을 받았다. 그랜트 같은 인물을 좋아하게 된 휴스턴 시민들은 다른 남부 도시를 능가하는 연회와 방식으로 그들의 선의와 환대를 표시하기로 결심했다. 그들은 만찬을 위해 호화로운 준비를 했고, 위원회는 그날 밤 식탁에 올릴 수 있는 최고급 와인을 구하기 위해 많은 노력을 기울였다. 와인을 제공할 시간이 되어 수석 웨이터가 먼저 그랜트에게 갔다. 그랜트 장군은 아무 말 없이 조용히 접시에 있는 모든 잔을 거절했다. 이 행동은 텍사스 사람들을 매우 놀라게 했지만, 그들은 그 상황에 동등하게 대응했다. 긴 테이블에 늘어앉은 남자들이 모두 한마디 말도 없이 잔을 내려놓았고 그날 밤 와인을 한 방울도 마시지 않았다.

워털루에서 두 명의 프랑스 장교가 훨씬 우세한 군대를 돌격하기 위해 전진하고 있었다. 한 장교가 다른 장교가 두려움에 떨고 있는 것을 보고서 "지휘관님, 겁이 나신 것 같습니다"라고 말했다. "응, 그렇다. 하지만 당신은 내 겁의 절반만 먹었어도 도망쳤을 것이다"라는 대답이 돌아왔다.

웰링턴은 포대를 향해 행진하는 병사의 얼굴이 창백해지는 것을 보고 "저 병사는 용감한 사람이다"라며 "그는 자신의 위험을 알고 그 위험에 맞서고 있다"라고 말했다.

한 친구는 루터에게 "보름스에는 추기경과 주교가 많다. 그들은 얀 후스처럼 당신의 몸을 재로 만들어버릴 것"이라고 말했다. 루터는 이렇게 대답했다. "그들이 보름스에서 비텐베르크에 이르는 불을 만들어 하늘까지 타오르게 하겠지만, 주님의 이름으로 나는 그 불을 통과하여 그들 앞에 나타나겠다." 그는 또 다른 사람에게 말했다. "나는 집 지붕의 기와만큼 악마가 많을지라도 보름스에 들어갈 것이다." 또 다른 사람이 그에게 말했다. "게오르크 공작이 반드시 당신을 체포할 것이다." 그는 대답했다. "가는 것이 나의 의무이며, 게오르크 공작이 9일 동안 비 오듯이 찾아올지라도 나는 갈 것이다."

최근 한 서부 신문은 남북전쟁에서 살아남은 연방군과 남부군 장교들을 초청해 각자가 전쟁 중에 관찰한 가장 용감한 행동에 대해 이야기하도록 요청했다. 토머스 웬트워스 히긴슨 대령은 사우스캐롤라이나 주 보퍼트에서 열린 와인이 자유롭게 흐르고 거친 농담이 오가는 만찬에서, 술을 마시지 않는 약간 소년 같은 마이너 박사가 건배사를 하거나 이야기를 하거나 노래를 부르기 전에는 집에 갈 수 없다는 말을 들었다고 한다. 이에 박사는 대답했다. "저는 노래를 부를 수 없지만, 비록 물로 하긴 해도 건배사는 할 수 있습니다. '우리의 어머니들을 위해'입니다." 사람들은 너무나 감동하고 부끄러워 그의 손을 잡고 도덕적으로 훌륭한 용기를 보여준 그에게 감사를 표했다.

다른 사람이 칭찬과 권력을 얻기 위해 절을 하고 아부할 때 젊은이가 꼿꼿이 서는 것은 용기가 필요하다. 전우들이 광목옷을 입을 때 올이 다 드러난 옷을 입으려면 용기가 필요하다. 남들이 사기로 부자가 될 때 정직한 가난을 유지하려면 용기가 필요하다. 주변 사람이 "예"라고 할 때 정직하게 "아니오"라고 하려면 용기가 필요하다. 다른 사람이 신성한 의무를 소홀히 하면서도 번영하고 유명해질 때, 침묵과 무명 속에서 자신의 의무를 다하는 것도 용기가 필요하다. 자신의 진정한 모습을 드러내고, 비난하는 세상에 자신의 결점을 드러내고, 있는 그대로의 모습을 보여주기 위해서는 용기가 필요하다.

투표에서 밀리고, 구타를 당하고, 비웃음을 당하고, 조롱을 당하고, 오해를 받고, 오판을 당하고, 세상의 모든 반대와 맞서 홀로 서려면 용기가 필요하다.

"그들은 노예가 될 수 없는 노예들이다.
두세 명과 함께 오른쪽에 있다."

"정직한 사람은 개가 그를 향해 짖는다고 해서 나빠지지 않는다."

우리는 우스꽝스럽게 여겨질까 봐 우스꽝스럽게 산다.

"비웃음이나 조롱을 받을까 두려워
자신의 남자다움과 명예에 대한 맹세를
자신의 서약을 거짓이라고 증명하는 그는 겁쟁이이다."

자신이 생각하는 것을 말하는 것을 두려워하며 시작하는 청년은 대개 자신이 원하는 것을 생각하는 것을 두려워하며 끝난다.

우리는 자신의 행동에서 얼마나 위축되는가! 우리는 다른 사람이 사는 대로 살아간다. 관습이나 유행, 또는 박사나 목사가 지시하는 대로 따르고, 그들의 학교를 떠날 엄두를 내지 못한다. 복장, 생활, 하인, 마차 등 모든 것을 따라야 하며, 그렇지 않으면 배척당한다. 남에 대해 이래저래 간섭하는 사람에 맞서 싸우면서 자신만의 방식으로 집안일이나 사업을 처리하려면 용기가 필요하다. 공인이 대중의 편견에 무릎을 꿇지 않으려면 용기가 필요하다. 자신의 건강과 도덕에 해가 되는 관습을 따르지 않으려면 용기가 필요하다. 정치인이 남자답게 똑바로 서는 것보다 이슈를 변질시키고 회피하는 것이 얼마나 쉬운지!

가장 강한 사람이 어딘가에 약점이 있듯이 가장 위대한 영웅은 어딘가에서 겁쟁이이다. 베드로는 스승을 지키기 위해 칼을 뽑을 만큼 용감했지만, 대제사장의 회당에서 여종들의 조롱과 경멸의 손가락을 견디지 못해 스승을 위해 죽음도 불사하겠다고 선언해 놓고 실제로는 그를 알지 못한다고 부인했다.

유라이어 힙*처럼 세상에 있는 자유를 누린 것에 대해 모두의 용서를 구하는 사람이 되지 마라. 소심함은 매력적이지 않고 두려움은 사랑스럽지 않다. 둘 다 기형이며 혐오스러운 것이다. 남자다운 용기는 언제나 품위 있고 우아하다.

로마에서 산 채로 화형을 선고받은 브루노는 판사에게 말했다. "당신은 내가 형을 받는 것보다 나에게 형을 선고하는 것을 더 두려워하는군." 뼈가 탈골될 때까지 고문을 당한 앤 아큐는 한 치의 흔들림도 없이

---

* 찰스 디킨스의 소설 《데이비드 코퍼필드》에 나오는 등장인물이다.

담담하게 고문관의 얼굴을 바라보며 자신의 믿음을 굽히지 않았다.

집에서 멀리 떨어진 거리를 헤매는 어린 넬슨을 발견한 친척은 "두려움 때문에 그렇게 멀리 가지 못했을 거라고 생각했다"라고 말했다. "두려움요?" 미래의 제독은 "저는 그것을 몰라요"라고 대답했다.

"불가능하다고 생각하면 그렇게 된다." 용기는 승리이고 소심함은 패배이다.

양 떼를 치고 방금 돌아온 순박한 양치기 소년 다윗이 양치기 지팡이와 물맷돌 외에는 다른 무기도 없이 전진하여 거대한 갑옷을 입은 골리앗과 맞서는 모습은 세상에서 가장 숭고하고 대담하다.

"덴트, 내려서 다리에 무슨 문제가 있는지 살펴보게." 그랜트는 덴트 대령과 함께 병력이 모두 쓸려나갈 정도로 집중해서 쏟아지는 포화 속을 지나면서 이렇게 말했다. "말의 다리를 살피는 일은 나중에 해도 돼요. 여기에 앉아 있는 것은 살인 행위예요"라고 덴트가 말했다. "좋아, 당신이 보고 싶지 않다면 내가 하지." 그랜트가 말했다. 그는 말에서 내려 말의 다리를 자르기 시작한 전신선 하나를 풀고 신중하게 살펴본 후 안장에 올랐다. "덴트," 그가 말했다. "자네가 대단하다고 생각하는 말을 가지고 있다면, 그 말을 가지고 위험을 감수해서는 안 되네. 그 전신선을 조금만 더 방치했더라면 그 말은 절름발이가 되어 평생 망가졌을 것일세."

워털루 전투에서 가장 치열한 전투가 벌어졌던 곳은 두꺼운 생울타리로 둘러싸인 과수원이 있는 농가 주변이었는데, 영국군 입장에서는 매우 중요한 지점이어서 어떤 위험이나 희생을 치르더라도 이곳을 사수하라는 명령을 받았다. 마침내 화약과 탄알이 부족해지고, 울타리에 불이 붙어 과수원은 화염의 벽으로 둘러싸였다. 탄약을 보내라고 전령이 보내졌고, 곧이어 짐을 가득 실은 마차 두 대가 농가를 향해 질주했다. "첫 번째 마차의 운전사는 무모한 영국 소년답게 겁에 질려 몸부림치는 말들에게 박차를 가하며 불더미를 뚫고 지나갔지만, 불길은 사납게 솟구쳐 화약에 붙었고, 화약은 순식간에 폭발해 마차와 말, 기수가 모두 공중으로 날아가버렸다. 두 번째 마차의 운전사는 동지의 운명을 보고 겁에 질려 잠시 멈칫했으나, 폭발로 인해 잠시 물러난 불길이 그에게 절호의 기회를 준다는 것을 알고서 말을 불길이 치솟는 틈새로 몰았고, 주둔지의 환호 속에 그 끔찍한 화물을 안전하게 내렸다. 그의 뒤에서 불길은 그 어느 때보다 더 맹렬하게 치솟았다."

프리드란트 전투에서 대포알이 프랑스 병사들의 머리 위로 날아오자 한 젊은 병사가 본능적으로 피했다. 나폴레옹은 그를 보고 웃으며 말했다. "이 친구야, 그 포탄이 자네를 향하고 있다면 땅속 100피트 밑에 파묻혀도 반드시 자네를 발견할 거야."

피터스버그 앞에 지뢰가 완성되자 도화선에 불이 붙었고 북부 연방군은 폭발로 적의 진지가 뚫리는 즉시 돌격할 준비를 마쳤다. 그러나 몇 초, 몇 분, 몇십 분이 지나도 지뢰에서는 아무런 소리도 들리지 않았고 긴장감은 극에 달했다. 도티 중위와 리스 하사는 도화선 점검을 자원했다. 그들은 자신들이 끔찍한 죽음으로 나아가고 있다는 사실도 모른 채 긴 지하 갱도를 침묵 속에서 서둘러 살폈다. 그들은 결함을 발견하고 도화선을 새로 점화했고, 곧 끔찍한 지각 변동이 승리를 향한 행진의 신호를 보냈다.

코펜하겐 전투에서 넬슨은 피가 흥건하고 시체로 뒤덮인 미끄러운 갑판을 걸으며 이렇게 말했다. "이것은 악전고투이며, 오늘이 우리 중 누구에게는 마지막이 될 수도 있다. 하지만 나는 수천 명을 위해 다른 곳에 있지 않을 것이다"라고 말했다. 트라팔가르 전투에서 총에 맞아 쓰러져 아래로 실려갈 때, 그는 싸우는 사람들이 대장이 쓰러진 것을 보지 못하도록 얼굴을 가렸다.

살라망카에서 벌어진 전투에서 적의 포탄이 아군 연대에 쏟아지는 가운데 윌리엄 네이피어 경의 부하들이 불복종했다. 네이피어 경은 즉시 사격 중지를 명령하고 주동자 네 명을 채찍질했다. 병사들은 단번에 복종한 후 마치 재검토하듯 침착하게 무거운 대포를 맞으며 3마일을 행진했다.

결심을 즉시 실행하라. 생각은 그 효과를 시험하기 전까지는 꿈에 불과하다. 경쟁이 당신을 괴롭히는가? 경쟁자가 사람밖에 없는가? 만물은 용감한 영혼을 위해 봉사하니 세상에서 당신의 자리를 정복하라. 어려움과 용감하게 싸우고, 불행을 용감하게 견디고, 가난을 고귀하게 견디고, 실망을 용감하게 마주하라. 용감한 사람의 영향력은 전염성이 있으며 그에 관한 모든 것에 고귀한 열정의 전염을 일으킨다. 소심함 때문에 첫발을 내딛지 못해 무명에 머물러 있는 사람들, 시작만 할 수 있었다면 유용성과 명성을 쌓는 데 큰 도움을 얻었을 사람들이 매일 무덤으로 보내지고 있다. 조지 엘리엇은 "위대한 업적은 확실성을 찾느라 움찔하는 자에 의해 이루어지지 않는다"라고 말한다.

내면의 큰 투쟁이 끝나고 원칙에 충실하기로 결심한 후 토머스 모어는 유쾌하게 걸어서 단두대로 향했다. 그의 아내는 다른 주교처럼 교리를 포기하기만 하면 자유를 얻을 수 있는데 왜 어둡고 축축하고 더러운 감옥에 갇혀 있느냐며 그를 바보라고 불렀다. 하지만 토머스 모어는 불명예보다 죽음을 택했다.

그의 딸은 두려움을 몰아내는 사랑의 힘을 보여주었다. 다른 가족, 심지어 어머니마저 아버지를 버렸을 때 그녀는 아버지에게 충실했다. 아버지의 머리가 잘려 런던 브리지의 기둥에 전시된 후, 그 불쌍한 소녀는 당국에 간청하여 그녀와 함께 관에 묻어달라고 요청했다. 소녀의 요청은 받아들여졌다. 그녀가 곧 죽음을 맞을 것이기 때문이었다.

월터 롤리 경이 연단에 올랐을 때 그는 매우 기운이 없었고, 지난 이틀 동안 두 번의 발작을 일으켰다는 말로 군중을 향해 연설을 시작했다. "그러므로 여러분이 제게서 어떤 약점을 발견하신다면, 저 자신보다는 제 병 때문이라고 생각해주십시오." 그는 도끼를 들고 칼날에 입을 맞추며 주 장관에게 말했다. "이것은 날카로운 약이지만 모든 질병에 대한 건실한 치료법이죠."

절대로 만나지 않을 장애물을 상상하거나, 아직 도착하지 않은 다리를 건너려고 시간을 낭비하지 마라. 의지를 반쯤 꺾어 평형을 영원히 유지하려고 하는 것은 인생에 대한 통제력을 잃는 것이다.

에이브러햄 링컨의 어린 시절은 가난과 싸우며 교육도 거의 받지 못하고 영향력 있는 친구도 없이 지내야 했던 투쟁의 연속이었다. 마침내 변호사의 길을 걷기 시작했을 때, 정치적 약자의 편에 그의 운을 거는 것은 그가 얻은 작은 명성을 위태롭게 하는 것으로, 용기가 상당히 필요한 일이었다. 가장 숭고한 도덕적 용기만이 대통령으로서 적대적 비판과 재앙의 연속에 맞서 자신의 입장을 견지하고, 노예해방 선언을 발표하고, 정치인과 언론의 비난에 맞서 그랜트와 스탠턴을 지지할 수 있게 했다.

링컨은 옳다고 믿으면 인기 없는 대의를 지지하는 데서 물러서지 않았다. 도망친 노예를 변호하는 것은 젊은 변호사의 생계를 위협하는 일이었고, 다른 변호사들이 이를 거절했을 때 링컨은 기회가 있을 때마다 항상 불행한 사람들을 변호했다. 사람들은 쫓기는 도망자들이 보호를 요청할 때 "링컨에게 가라"라고 말하곤 했다. "그는 옳은 일이라면 어떤 대의명분도 두려워하지 않는다."

우리가 그녀의 비참한 처지와 함께할 때
진실의 편에 서는 것은 고귀한 일이다.
그녀의 대의가 명성과 이익을 가져다주고
정의로운 것이 번영한다.
용감한 사람은 선택하고
겁쟁이는 옆에 서 있는다.
그의 주님이 십자가에 못 박히실 때까지
그는 비굴한 정신으로 의심한다.
・로웰

살몬 P. 체이스는 도망한 노예 소녀 마틸다를 위해 열정적으로 탄원했다. 법정을 나설 때 한 남자가 놀란 표정으로 그를 바라보며 말했다. "방금 자신을 망친 훌륭한 젊은이가 저기 가네." 하지만 체이스는 그렇게 자신을 망가뜨림으로써 오하이오 주지사, 오하이오 상원의원, 미국 재무부 장관, 미국 대법관이 되는 중요한 경력의 첫걸음을 내딛었다.

퀘이커교도 모임에서 연설한 혐의로 기소된 윌리엄 펜에 대한 재판에서 첫 번째 평결에 만족하지 못한 판사는 배심원들에게 이렇게 말했다. "우리는 하느님의 도움으로 평결을 얻어낼 것이오, 그렇지 않으면 당신들은 굶을 줄 아시오." 펜은 "여러분은 영국인입니다. 여러분의 특권을 유념하면서 권리를 포기하지 마십시오"라고 말했다. 마침내 배심원들은 이틀 밤낮을 굶은 끝에 "무죄"라는 평결을 내렸다. 판사는 그들에게 독립성을 이유로 각각 40마크*의 벌금을 부과했다.

그리스도께서 군중의 비웃음을 신경 쓰셨을까? 구경꾼의 조롱에도 불구하고 마비된 손이 움직이고, 시각 장애인이 보고, 문둥병자가 나았으며, 죽은 자가 말을 했다.

웬들 필립스가 썩은 달걀, 조롱 섞인 비웃음, 야유에 신경 썼을까? 그는 "마침내 비웃는 세상이 그 적수를 만났다"라고 생각했다. 비처와 고프는 그들을 없애려고 온 무례한 영국 군중에게 침묵해야 했을까? 아니다! 그들은 자신들의 입장을 고수했고, 듣지 않으려는 수천 명이 그들의 말을 듣고 귀를 기울이도록 강요했다. 몰리 맥과이어스의 권총 총알이 머리 위로 날아갈 때 애나 디킨슨이 단상을 떠났는가? 그녀는 용기와 논증으로 그 권총을 침묵시켰다.

세상이 원하는 것은 머리에 총구를 겨눌지라도 설교하는 녹스, 감옥이나 폭도, 문 앞에 세워진 처형대도 두려워하지 않는 개리슨이다.

버틀러 장군이 뉴욕 폭동을 진압하기 위해 9천 명의 병력과 함께 파견되었을 때, 그는 군대보다 먼저 도착했고, 이미 여러 사람을 가로등 기둥에 목매달아 놓은 성난 군중으로 가득한 거리를 발견했다. 버틀러

---

* 마크(mark)는 1파운드의 3분의 2에 해당하는 가치이다. 가치 산정의 목적으로 쓰였을 뿐 실제 화폐로 발행되지는 않았다.

는 부하들을 기다리지 않고 군중이 가장 밀집한 곳으로 가서 나무통을 뒤집어 놓고 그 위에 서서 연설을 시작했다. "파이브 포인트의 대표들아, 지옥에서 온 악마들아, 너희는 상관을 살해했다." 피 묻은 옷을 입은 군중은 페르난도 우드 시장이 경찰과 민병대의 도움으로도 제지할 수 없는 도시에서 한 남자의 용기 있는 말 앞에 겁을 먹었다.

"적이 우리 앞에 있다." 테르모필레에서 스파르타 군사들이 외쳤다. "우리도 그들 앞에 있다." 레오니다스가 냉담하게 대답했다. "무기를 내놓아라." 크세르크세스가 외쳤다. "와서 가져가라." 레오니다스가 대답했다. 한 페르시아 병사가 말했다. "너희는 나는 창과 화살 때문에 하늘을 볼 수 없을 것이다." 한 스파르타 병사가 대답했다. "그럼 우리는 그늘에서 싸울 것이다." 그런 소수의 병사들이 지상 최강 대군의 행진을 막았다니, 얼마나 놀라운 일인가!

나폴레옹이 대담한 계획에 대한 지시를 내렸을 때 한 참모 장교가 "불가능합니다"라고 말했다. "불가능하다고!" 위대한 사령관은 "불가능은 바보의 형용사다!"라고 외쳤다.

용감한 사람은 두려움을 모르는 사람의 본보기이다. 그의 영향력은 자성을 띠고 있다. 사람들은 그를 죽기까지 따른다.

대담하게 도전한 사람들은 종종 인생의 전성기에 도달하기도 전에 세상을 움직였다. 대담하게 시작하고 인내하면 젊은이도 성취할 수 있다는 것은 놀라운 일이다. 20살에 왕좌에 오른 알렉산드로스는 33살에 죽기까지 세계를 정복했다. 율리우스 카이사르는 800개 도시를 점령하고 300개 국가를 정복했으며, 300만 명의 병사를 물리치고 위대한 웅변가이자 가장 위대한 정치가 중 한 명이 되었지만, 여전히 청년이었다. 워싱턴은 19살에 부관 참모로 임명되었고, 21살에 프랑스와의 협상을 위한 대사로 파견되었으며, 22살에 대령으로 첫 전투에서 승리했다. 라파예트는 20살에 프랑스 육군의 장군이 되었다. 샤를마뉴는 30살에 프랑스와 독일의 군주가 되었다. 갈릴레오는 18살에 피사 대성당의 흔들리는 램프에서 진자의 원리를 발견했다. 필은 21살에 의회에 진출했다. 글래드스턴은 22살이 되기 전에 의회에 진출했고 24살에는 재무장관이 되었다. 엘리자베스 배럿 브라우닝은 12살에 그리스어와 라틴어에 능통했고, 드퀸시는 11살에 라틴어에 능통했다. 로버트 브라우닝은 11살에 뛰어난 수준의 시를 썼다. 웨스트민스터 사원에서 잠자는 카울리는 15살에 시집을 출간했다. 루터는 주교관 문에 유명한 논제를 못 박고 교황에게 반기를 들었을 때 겨우 29살이었다. 넬슨은 20살이 되기 전에 영국 해군 중위였다. 트라팔가르에서 치명상을 입었을 때 그는 겨우 47살이었다. 코르테스는 36살에 멕시코를 정복했고, 클라이브는 32살에 인도에서 영국의 지배력을 확립했다. 최고의 군사 지휘관이었던 한니발은 칸나에에서 로마 공화정에 거의 전멸에 가까운 타격을 입혔을 때 겨우 30살이었고, 나폴레옹은 이탈리아 평원에서 오스트리아의 베테랑 원수들을 차례로 물리쳤을 때 겨우 27살이었다.

정해진 인생의 한계를 넘은 사람들도 종종 동등한 용기와 결단력을 보여준다. 빅토르 위고와 웰링턴은 모두 70살을 넘긴 후 전성기를 누렸다. 글래드스턴은 84살의 나이에 강력한 권력으로 영국을 통치했으며 문학적, 학문적 능력이 뛰어났다.

셰익스피어는 "벌에 쏘인다고 벌집을 피하는 사람은 벌집만도 못하다"라고 말했다.

"용감한 사람은 두려움을 느끼지 않는 사람이 아니다.
그것은 어리석고 비이성적이다.
그는 고귀한 영혼으로 두려움을 제압하고,
본성을 움츠러들게 하는 위험에 도전한다."

많은 영리한 젊은이들이 과감하게 시작하지 않았기 때문에 자신이나 세상에 가치 있는 일을 성취하지 못했다.

시작하라! 시작하라! 시작하라!!!

사람들이 여러분에 대해 어떻게 생각하든 여러분이 옳다고 믿는 일을 하라. 비난이나 칭찬에 무관심하라. • 피타고라스

나는 남자가 되게 할 수 있는 것은 뭐든 할 것이다.
그 이상을 하려고 하는 사람은 남자가 아니다. • 셰익스피어

인간의 위대한 행동은 사소한 투쟁 속에서 이루어진다. 결핍과 혼탁의 치명적 침략에 맞서 그림자 속에서 조금씩 자신을 방어하는 고집스럽고 알려지지 않은 용감한 사람들이 있다. 눈에 보이지 않는 고귀하고 신비한 승리가 있다. 유명한 보상도, 나팔 소리가 울려 퍼지는 경례도 없다. 삶, 불행, 고립, 버림, 가난은 영웅의 전장이다. • 빅토르 위고

너희는 대장부가 되어라. • 사무엘상 4장 9절

18장

어려움 속에서의 성공

쉬운 승리는 값싼 것이다. 오직 힘든 싸움의 결과로 얻는 것만이 가치가 있다.
• 비처

작은 마음은 불행에 길들여지고 정복당하지만 위대한 마음은 그것을 뛰어넘는다.
• 워싱턴 어빙

1806년 어느 날 12살 소년이 뉴저지주 사우스 앰보이의 여관 주인에게 "스태튼 아일랜드로 건너가고 싶은 팀이 셋 있다. 말 한 마리를 보증으로 맡길테니 우리를 건너가게 해주시고, 만약 48시간 안에 6달러를 보내지 않으면 말을 가져가세요"라고 말했다.

여관 주인은 이 기발한 제안의 이유를 물었고, 소년의 아버지가 샌디훅 근처에 좌초된 배의 화물을 바지선에 실어 뉴욕으로 가져가기로 계약했다는 사실을 알게 되었다. 소년은 마차 세 대, 말 여섯 마리, 남자세 명과 함께 모래밭을 가로질러 바지선까지 화물을 운반하는 임무를 맡았다. 그 일은 완수되었다. 그는 단돈 6달러를 들고 먼 길을 떠나 뉴저지 모래사장을 가로질러 무일푼으로 사우스 앰보이에 도착했던 것이다. 여관 주인은 소년의 밝고 정직한 눈을 바라보며 "그렇게 해주겠다"라고 말했다. 말은 곧 되찾았다.

1810년 5월 1일, 한 소년이 바다를 좋아해 배를 살 수 있도록 100달러를 빌려달라고 부탁했을 때 이 소년의 어머니는 "아들아. 이달 27일이면 네가 16살이 된다. 그때까지 8에이커의 밭을 갈고, 써레질하고, 옥수수를 심겠다면 하면 그 돈을 미리 주겠다"라고 말했다. 밭은 거칠고 돌이 많지만 작업은 제때 잘 끝났다. 이 작은 시작에서 코르넬리우스 밴더빌트는 막대한 재산의 토대를 마련했다.

1818년 밴더빌트는 뉴욕 항구에 있는 최고급 연안 범선 두세 척을 소유하고 있었으며 자본금은 9천 달러였다. 그는 머지않아 증기선이 돛으로만 가는 배보다 우위를 차지할 것을 알고서, 자신의 훌륭한 사업을 정리하고 연간 1천 달러의 연봉을 받는 증기선 선장이 되었다. 그는 12년 동안 뉴욕과 뉴저지 뉴브런즈윅을 오갔다. 1829년 그는 증기선 선주로 사업을 시작했지만, 극심한 반대에 부딪혀 마지막 1달러까지 잃을 처지에 처했다. 그러나 시류가 바뀌었고, 그는 급속도로 번영하여 마침내 100척이 넘는 증기선을 소유하게 되었다. 그는 일찌감치 미국 철도 산업의 성장에 눈을 떴고, 당대 미국에서 가장 부유한 사람이 되었다.

바넘은 15살 때 아버지 장례식에서 신을 신발을 외상으로 사야 했기 때문에 맨발로 사업의 경주를 시작했다. 그는 어려움 속에서도 성공을 거둔 놀라운 사례였다. 누구도 그를 막을 수 없었고 어떤 반대도 그를 주눅 들게 하지 못했다.

"너는 웅변가로 태어난 것이 분명하다"라고 한 친구가 J. P. 커런에게 말했다. "사실, 그렇지 않다"라고 그 연설가는 대답했다. "20년 하고 몇 달 뒤에 태어났다." 그는 토론 클럽의 첫 시도에 대해 이렇게 말했다. "나는 벌벌 떨면서 일어났다. 이 과정에서 나는 키케로를 흉내 내면 된다는 것을 기억하고서 용기를 내어 실제로 '존경하는 회장님'까지 거의 다 갔을 때, 놀랍고 공포스럽게도 모든 시선이 나를 향하고 있는 것을 감지했다. 그 자리에는 6~7명밖에 없었고, 그 방에는 그보다 더 많은 사람이 있을 수도 없었지만, 공황 상태에 빠진 내 상상으로는 마치 내가 자연의 중심인 것처럼 수백만 명이 숨죽이며 나를 바라보는 것 같았다. 나는 당황하고 멍해졌다. 친구들이 '저 사람이 말하는 것좀 들어줘요'라고 외쳤지만 아무 소리도 들리지 않았다." 그는 "웅얼웅얼 웅변가"라는 별명을 얻었는데, 그가 "가장 터무니없는 시대착오적 연대기"를 늘어놓는 연사를 경악하며 쳐다보기 전까지는 그 별명을 얻을 자격이 충분했다. 불쾌한 표정의 그 연사는 "'웅얼웅얼 웅변가'가 웅변에 뛰어난 재능을 가지고 있다는 것은 의심할 여지가 없지만, 앞으로는 침묵보다는 좀 더 대중적인 방법으로 그것을 보여주기를 권하고 싶다"라고 말했다. 조롱에 기분이 상한 커런은 자리에서 일어나 그 남자에게 화가 난 목소리로 유창하게 "한마디 따끔하게" 말했다. 이 성공에 용기를 얻은 그는 훌륭한 연설가가 되기 위해 많은 노력을 기울였다. 그는 매일 좋아하는 구절을 천천히 또박또박 소리 내어 읽으며 말을 더듬는 습관을 고쳤고, 기회가 있을 때마다 연설했다.

번연은 식사를 위해 가져온 우유병의 코르크를 따는 데 사용했던 구겨지지 않은 종이에 《천로역정》을 썼다. 기퍼드는 구두 수선공 수습생 시절 작은 가죽 조각에 수학 작품을 처음 썼고, 천문학자 리튼하우스는 쟁기 손잡이에 일식을 처음 계산했다.

10살의 데이비드 리빙스턴은 글래스고 근처의 면화 공장에 투입되었다. 첫 주 월급으로 라틴어 문법책을 사서 몇 년 동안 야학으로 공부했다. 그는 아침 6시에 공장에 출근해야 했음에도 불구하고 어머니가 재우지 않으면 자정까지 앉아 공부했다. 이런 식으로 베르길리우스와 호라티우스를 통달했고, 식물학 공부 외에도 폭넓은 독서를 했다. 지식에 대한 열망이 컸던 그는 방적기 위에 책을 올려놓고 귀가 먹먹할 정도로 울리는 기계 굉음 속에서도 책장을 넘기곤 했다.

존슨은 "우리가 찬사와 경이로움으로 바라보는 인간 예술의 모든 공연은 저항할 수 없는 인내의 힘을 보여주는 사례"라며 "채석장에서 캐낸 돌이 피라미드가 되고 먼 나라가 서로 운하로 연결되는 것은 바로 이런 인내의 힘 때문이다. 곡괭이를 한 번 내리치거나 삽을 한 번 휘두른 효과를 전체 설계 및 최종 결과와 비교한다면 그 불균형에 압도당할 것이다. 그러나 그 사소한 작업을 끊임없이 계속하면 때가 되어 가장 큰 어려움을 극복한다. 인간의 가느다란 힘으로 산이 평평해지고 바다에 경계가 생긴다"라고 말했다.

위대한 사람은 기회를 기다리지 않고 스스로 만들어낸다. 그들은 특수한 기능이나 유리한 환경을 기다리지 않고 당면한 문제를 파악해 문제를 해결하며 상황을 지배한다. 결심과 의지가 있는 젊은이는 방법을 찾거나 만든다. 프랭클린은 정교한 장치가 필요하지 않았으며, 보통의 연으로 구름에서 전기를 가져올 수 있었다.

위인들은 승리에 이르는 왕도를 찾지 못했다. 항상 근면과 인내를 통해 오래된 길을 택했다.

농부 소년 엘리후 B. 워시번은 한 달에 10달러를 받고 학교에서 학생들을 가르쳤고, 100센트가 모여 1달러가 된다는 교훈을 일찍이 깨달았다. 몇 년 후 그는 "재무부의 감시견"으로 불릴 때까지 의회에서 "도둑질"과 싸웠다.

궁핍과 비애에 시달리던 엘리아스 하우가 런던에서 그의 첫 번째 재봉틀을 완성하던 시절, 그는 생활비를 마련하기 위해 자주 돈을 빌려야 했다. 그는 콩을 사서 직접 요리했다. 또한 아내를 미국으로 보내기 위해 돈을 빌리기도 했다. 그는 50파운드의 가치가 있는 첫 번째 재봉틀을 5파운드에 팔았고, 자신의 문자 특허를 전당포에 팔아 집으로 돌아가는 비용을 충당했다.

소년 아크라이트는 지하실에서 이발사로 시작했지만 150만 달러의 재산을 남기고 죽었다. 세상은 그의 참신함에 모든 사람이 다 참신한 것처럼 대우하며 이의를 무한히 제기하고 온갖 방해 공작을 벌였지만, 그는 그들의 반대를 뿌리치고 명예와 부를 누리며 살았다.

위대한 진리나 교리는 거의 없으며, 단지 대중의 인정을 받기 위해 중상과 비난, 박해에 맞서 싸워야 했을 뿐이다.

인류를 축복한 거의 모든 위대한 발견이나 발명을 했던 사람들은 가장 진보적인 사람조차도 반대하는 상황에서 인정을 받기 위해 싸워야 했다.

윌리엄 H. 프레스콧은 "기회가 없던" 소년이 무엇을 할 수 있는지 보여주는 놀라운 예이다. 그는 대학 재학 중 "비스킷 배틀(biscuit battle)"에서 던진 딱딱한 빵 조각에 맞아 한쪽 눈을 잃었고, 다른 쪽 눈은 거의 쓸 수 없게 되었다. 하지만 소년은 쓸모없는 삶을 살지 않았다. 그는 역사학자가 되기로 마음먹고 모든 에너지를 그쪽으로 돌렸다. 사람들의 도움으로 그는 첫 번째 책의 주제를 정하기까지 10년을 공부했다. 그 후 그는 10년을 더 보내며 오래된 기록물과 원고를 샅샅이 뒤져 《페르디난드와 이사벨라》를 출간했다. 그의 삶은 젊은이들에게 얼마나 큰 교훈을 주었을까! 기회를 버리고 인생을 낭비한 이들에게 얼마나 큰 책망일까!

에머슨은 "갈릴레오는 오페라글라스를 가지고도 그 후에 있었던 거대 망원경으로 한 어떤 것보다 더 화려한 일련의 천체 현상을 발견했다. 콜럼버스는 갑판이 없는 배를 타고 신대륙을 발견했다"라고 말했다.

　사람들이 불리하다고 말하는 주변 환경이 당신의 힘의 전개를 막을 수 없다. 뉴햄프셔의 바위 많은 언덕에서 미국 최고의 연설가이자 정치가인 대니얼 웹스터가 탄생했다. 고된 노동의 대열에서, 사치가 낯선 가정에서 종종 우리 종족의 지도자와 후원자가 나왔다.

　그리스 합창단이 오늘날 가장 장엄한 주제의 서곡과 종곡을 쓰는 데 적합한 예시를 찾으려고 할 때, 에이브러햄 링컨의 삶과 경력과 죽음만큼 더 인상적인 예시가 있을 수 있을까? 그는 오두막집에서 하느님의 아들처럼 비천하게 태어났고, 진짜 혈통은 알 수 없었으며, 빛 한줄기, 공평한 주변 환경도 없이 비참하게 자랐고, 이상한 꿈과 환상에 시달렸고, 타고난 우아함도 거의 없었으며, 유난히 어색하고 어수룩한 청년 시절을 보냈다. 인생의 후반기에 무명에서 벗어나 최고의 순간에 최고의 지휘관으로 성장하고 국가의 운명을 맡게 된 것은 이 놀라운 인물을 위해 예약되어 있었다. 그의 당의 위대한 지도자들은 옆으로 빠지게 되었다. 수워드, 체이스, 섬너 같은 당대의 경험이 풍부하고 뛰어난 인물들은 뒤로 보내졌다. 보이지 않는 손에 의해 이 기이한 인물이 전면에 등장하여 권력의 고삐를 쥐었다.

　성공의 신전에는 열린 문이 없다. 들어오는 사람은 자기가 문을 만들어 들어오며, 다른 사람에게는 문을 닫고 심지어 자기 자녀도 통과하지 못하게 한다.

　천재는 화려한 살롱, 태피스트리로 장식된 도서관, 편안하고 유복한 환경에서 태어나고 길러지는 것이 아니라, 종종 역경과 빈곤 속에서, 궁핍한 가정의 괴롭힘 속에서, 불도 없는 허름한 지하실에서 탄생하고 길러진다. 비루하고, 혐오스럽고, 비참한 환경 속에서 사람들은 수고하고, 공부하고, 자신을 단련하여 마침내 그 어둠 속에서 시대의 빛나는 빛을 발산하고, 왕의 동반자이자 동족의 안내자와 스승이 되어 일종의 지적 법률에 해당하는 세계 사상에 영향력을 행사한다.

　한 현자는 "고통을 겪어보지 않은 사람이 무엇을 알겠는가?"라고 말했다. 쉴러는 고문에 가까운 신체 고통 속에서 위대한 비극을 만들어냈다. 헨델은 마비로 죽음이 다가오고 있다는 경고를 받고서 고통과 괴로움에 시달리면서도 음악계에 불멸의 이름을 남긴 위대한 작품들을 작곡하기 위해 앉았다. 모차르트는 빚에 시달리고 치명적인 질병을 겪으면서도 위대한 오페라를 작곡했고, 그중에서도 〈레퀴엠〉을 가장 마지막에 작곡했다. 베토벤은 거의 완전한 청각장애에 시달리며 우울한 슬픔 속에서 위대한 작품을 만들었다.

　아마도 데모스테네스만큼 장애를 극복하기 위해 열심히 싸웠던 사람도 없을 것이다. 그는 목소리가 약하고 숨이 너무 가빠서, 쉬어야만 한 문장을 겨우 넘길 정도로 연설가로서 장애가 있었다. 대부분 사람이라면 낙담하기에 충분했다. 그의 모든 첫 시도는 청중의 야유와 비웃음에 거의 파묻혔다. 첫 시도가 성공을 거둔 유일한 사례는 그에게 사기를 친 후견인을 상대로 재산의 일부를 돌려달라고 강요한 것이었다. 그 뒤로도 그는 거듭되는 실패에 낙담하여 연설에 대한 모든 시도를 영원히 포기하기로 결심했다. 그러나 그의 청취자 중 한 명이 그에게 무언가가 있다고 믿어 인내심을 갖도록 격려했다. 이에 따라 그는 다시 대중 앞에 섰지만 이전과 마찬가지로 그만하라는 소리를 들었다. 그가 큰 혼란에 빠진 채 고개를 숙이고 물러나자, 유명한 배우 사티로스가 장애를 극복하기 위해 더욱 노력하라고 격려했다. 그는 너무 말을 더듬어 일부 글자를 전혀 발음할 수 없었고, 한 문장을 끝내기도 전에 숨이 끊어지곤 했다. 마침내 그는 어떤 대가를 치르더라도 연설가가 되기로 결심했다. 그는 말더듬증을 극복하고 동시에 청중의 야유와 소란에 익숙해지기 위해 바닷가로 가서 작은 자갈을 입에 물고 부서지는 파도 소리 속에서 연습을 했다. 그는 가파르고 험한 해안가를 달리면서 연습을 통해 짧은 호흡을 극복했다. 그의 어색한 제스처도 거울 앞에서 오랫동안 단호하게 훈련하여 교정했다.

콜럼버스는 여러 궁정에서 연거푸 바보 취급을 받았지만, 그를 믿지 않고 조롱하는 세상을 상대로 자신의 주장을 굽히지 않았다. 왕들에게 거부당하고 왕비들에게 조롱을 당하면서도 그는 자신의 영혼을 지배하는 목적의식에서 한 치의 흔들림도 없었다. 그의 가슴에는 "신세계"라는 단어가 새겨져 있었고, 명성, 안락함, 즐거움, 지위, 필요하다면 목숨까지도 희생하고자 했다. 위협, 조롱, 배척, 폭풍, 새는 배, 선원들의 반란도 그의 강력한 목적을 흔들 수 없었다.

결단력 있는 사람을 성공에서 막을 수 없다. 그의 길에 걸림돌을 놓으면 그는 그것을 디딤돌로 삼아 그 위에서 위대함으로 올라갈 것이다. 그의 돈을 빼앗으면 그는 가난에 박차를 가하여 자신을 촉구한다. 그를 불구로 만들면 그는 《웨이벌리 소설》을 쓴다.

세계 역사에서 위대하고 고귀하며 진실한 모든 것은 평범한 일상에서 무한히 고통을 감내하며 끊임없이 노력한 결과이다.

세계가 배출한 가장 심오한 사상가 중 한 명인 로저 베이컨은 자연철학을 연구한다는 이유로 끔찍한 박해를 받았지만 인내하며 버틴 결과 성공을 거두었다. 그는 마법을 다룬다는 누명을 쓰고, 책이 공개적으로 불태워졌으며, 10년간 감옥에 갇혀 지내야 했다. 우리가 존경하는 워싱턴조차도 국민의 부르짖음에 따르지 않고 제이(Mr. Jay)가 영국과 맺은 조약을 거부했다는 이유로 거리에서 폭행을 당했다. 그러나 그는 단호했고, 국민은 그의 의견을 따랐다. 웰링턴 공은 아내가 집 안에 죽어 있는 동안에 집의 창문이 부서지고 런던 거리에서 폭도에게 폭행을 당하는 일을 겪었다. 그러나 "철의 공작"은 자신의 길과 목적에서 한 치의 흔들림이 없었다.

윌리엄 핍스는 젊은 시절 보스턴 거리에서 선원들이 바하마 제도의 난파된 스페인 선박에 돈이 실려 있다고 하는 이야기를 들었다. 젊은 핍스는 그 돈을 찾기로 결심한다. 그는 곧바로 출발했고, 많은 어려움 끝에 잃어버린 보물을 발견했다. 그 후 그는 수년 전 포트 데 라 플라타

(Port De La Plata)에서 난파된 또 다른 배에 대한 소식을 들었다. 그는 영국으로 가서 찰스 2세에게 도움을 청했다. 왕은 기뻐하며 그를 위해 로즈 알제호를 마련해 주었다. 그는 오랜 시간 헤맸지만 찾지 못하고 결국 배를 수리하기 위해 영국으로 돌아가야만 했다. 하지만 그때 제임스 2세가 왕위에 있어서, 핍스는 돌아갈 돈을 모으기까지 4년을 기다려야 했다. 선원들이 반란을 일으켜 그를 배 밖으로 던지겠다고 위협하는 일도 있었다. 그때 그는 함포를 그들에게 겨눴다. 어느 날 한 인도 다이버가 호기심에 해초를 캐러 내려갔다가 해저에 대포가 여러 개 놓여 있는 것을 발견했다. 그 대포는 난파선에서 나온 것이었다. 그는 그를 인도할 희미한 소문만 갖고 있었지만, 마침내 150만 달러를 들고 영국으로 돌아갔다.

모든 장벽에도 불구하고 성공을 거두기 위해 하는 끊임없는 싸움이 모든 위대한 업적의 대가이다.

자신의 남은 하나까지 바치며 싸우지 않는 사람, 절망적인 갈등의 상처를 견디지 못하는 사람은 성공의 가장 높은 의미를 알지 못한다.

성공을 위해 고군분투한 사람들이 얻은 돈은 그들의 유일한 보상이 아니다. 그것은 그들이 얻은 가장 큰 보상도 아니다. 수년간의 수고와 반대, 조롱과 실패를 거듭한 끝에 사이러스 W. 필드가 바다 밑에서 메시지를 전송하는 전신기 위에 손을 얹었을 때, 전율이 그의 손가락 끝을 지나지 않았다고 생각하는가? 토머스 에디슨이 전등이 마침내 상업적으로 성공했음을 보여줬을 때, 그 밝은 광선이 그의 영혼의 가장 깊은 곳까지 비추지 않았다고 생각하는가?

19장

장애물의 이용

자연의 신은 어려움을 더할 때 두뇌까지 더하신다.　• 에머슨

많은 사람이 엄청난 어려움에 삶의 웅장함을 빚지고 있다.　• 스펄전

좋은 것은 아픈 것으로 더 잘 만들어진다.
잘게 부순 냄새가 더 달콤하듯이.　• 로저스

상실과 십자가는 가혹한 교훈이 되지만
거기에는 재치가 있고, 다른 곳에서는 찾을 수 없다.　• 번스

"역경은 위대한 자의 번영이다."

"연은 바람을 거슬러 오르는 것이지 바람을 따라 오르는 것이 아니다."

해리엇 마티노는 아버지의 사업 실패를 언급하며 "그 후로도 많은 시간이 흘렀지만, 그렇게 망하지 않았더라면 우리는 적은 재산을 가지고 바느질하고 절약하며 매년 더 좁아지는 평범한 지방 여성으로 살았을 것이다. 우리는 아직 때가 되지 않았을지라도 우리의 자원으로 열심히 그리고 유용하게 일하며 친구, 명성, 독립을 얻었고, 해외와 국내에서 세상을 풍성하게 보았으며, 화초처럼 사는 것이 아닌 진정한 삶을 살았다"라고 말했다.

세계 3대 서사시인 중 두 명인 호메로스와 밀턴은 시각장애인이었고, 세 번째 시인 단테는 말년에 전맹은 아니더라도 거의 실명에 가까웠다. 위대한 인물들은 에너지를 분산하지 않고 한 방향으로 집중할 수 있게 특정 측면에서 신체적으로 불구가 된 것처럼 보인다.

과학 분야의 한 저명한 연구자는 겉으로 보기에 극복할 수 없는 장애에 부딪혔을 때 어떤 발견을 목전에 둔 자신을 발견했다고 말한다.

"감사한 마음을 담아 돌아왔습니다"라는 말이 많은 저자를 탄생시켰다. 실패는 종종 잠재된 에너지를 불러일으키고, 중단되어 있던 목적을 다시 살리며, 잠자던 힘을 깨워 성공으로 이끈다. 조개가 자신을 괴롭히는 모래를 진주로 바꾸듯 패기 있는 사람은 절망을 기회로 바꾼다.

"비판의 거친 숨결은 독수리에게 폭풍의 폭발 같은 것이다. 그것은 그를 더 높이 들어 올리는 힘이 될 뿐이다."

묶어 끌어내리는 끈이 없으면 연은 날지 못한다. 인생도 마찬가지이다. 여섯 가지의 막중한 책임과 그 어머니에게 묶여 있는 사람은 자신을 고정시킬 것이 없어 항상 진흙탕에서 허우적거리는 청년보다 더 높고 힘차게 날 수 있다.

나폴레옹의 학교 동료들이 그의 낮은 출신과 가난을 이유로 그를 놀렸을 때 그는 책에 전념했고, 학문에서 그들보다 빠르게 성장하여 그들의 존경을 받았다. 그는 곧 학급에서 가장 화려하게 빛났다.

한 저명한 법학자는 "법조계에서 성공하려는 젊은이는 은둔자처럼 살고 말처럼 일해야 한다. 젊은 변호사에게 반쯤 굶주리는 것만큼 좋은 것은 없다"라고 말했다.

타고난 능력이 뛰어난 수천 명의 사람이 세상에서 길을 잃은 이유는 그들이 장애물과 씨름할 필요가 없었고, 잠자고 있던 능력을 자극하기에 충분한 어려움 속에서 고군분투할 필요가 없었기 때문이다. 적절한 경력을 쌓는 데 도움이 되는 고상한 노력이란 존재하지 않는다.

가난과 무명이 우리의 발전을 방해할 수 있지만, 그것은 마치 강에 얼음이나 부스러기가 끼어 일시적으로 물을 소용돌이로 몰아넣는 것과 같다. 그러나 강한 힘이 그 안에서 축적되어 결국 그 장애물을 순식간에 바다로 밀어낼 것이다. 가난과 무명은 극복할 수 없는 장애물이 아니다. 그것은 우리 안에 있는 게으름을 자극해 마음의 섬유를 튼튼하게 키우고 신체의 근육과 힘을 더 강하게 만드는 역할을 하기도 한다.

어떤 씨앗의 싹이 돌과 딱딱한 잔디를 뚫고 올라와 햇빛과 공기와 싸우고 폭풍우와 눈과 서리와 씨름해야 한다면, 그 목재의 섬유질은 더욱 단단하고 강해질 것이다.

"원수를 사랑하라"라는 명령에는 좋은 철학이 있다. 원수는 종종 변장한 절친이기 때문이다. 친구들이 아첨할 때 원수는 나에게 진실을 알려준다. 그들의 신랄한 비꼬기와 질책은 나를 비추는 거울이다. 이러한 불친절한 따끔거림과 채찍질은 나를 더 큰 성공과 더 높은 노력으로 이끄는 원동력이 되기도 한다. 친구는 나의 잘못을 덮어주고 거의 책망하지 않지만, 적들은 자비 없이 나의 모든 약점을 빛으로 끌어낸다. 나는 외과 의사의 칼처럼 이러한 압박과 노출을 두려워하지만, 오히려 그것이 더 낫다. 그들은 손대지 않은 채 나의 깊은 곳에 도달하고, 나는 경멸과 열등감으로부터 나를 구하겠다는 결심을 하게 된다.

우리는 반대자를 이기는 승자가 된다. 그들은 우리가 그들을 극복하는 그 힘을 우리 안에 키웠다. 참나무가 폭풍우와의 수천 번의 전투를 견디기 위해 단단히 버티고 고정하는 것처럼, 반대자들이 없었다면 우리는 결코 자신을 견디고 고정하고 요새화할 수 없었을 것이다. 우리의 시련, 슬픔, 고통도 비슷한 방식으로 우리를 발전시킨다.

어려움을 이겨낸 사람은 얼굴에 승리의 흔적이 남아 있다. 모든 움직임에서 승리의 기운이 느껴진다.

17세기와 18세기의 신학을 정립한 장 칼뱅은 오랜 세월 질병에 시달렸고 로버트 홀도 마찬가지였다. 세상을 더 높은 차원으로 끌어올린 위인들은 쉬운 환경에서 성장한 것이 아니라 고난의 요람에서 흔들리고 역경을 딛고 일어섰다.

"신은 역경에 맞서 싸우는 정직한 사람을 가장 고귀하게 여기신다."

아낙시만드로스는 소년들이 그의 노래를 비웃는다는 말을 듣고 "그럼 노래를 더 잘하는 법을 배워야겠군"이라고 말했다.

야자수처럼 강한 성격은 괴로움을 당할 때 가장 잘 자라는 것 같다. 수년간 큰 불행에서 용감하게 일어선 사람은 종종 번영을 견디지 못한다. 활력이 넘치는 기후에 익숙한 종족이 무더운 지역으로 가면 기운이 떨어지는 것과 같이, 그들의 행운은 그들의 에너지에서 탄력을 빼앗아 간다. 어떤 사람은 주변 사람의 의견에 당황해하고, 거절당하고, 좌절하고, 패배하고, 짓밟힐 때까지 원래 자리로 돌아오지 않는다. 시련은 봉인되었던 그들의 미덕을 해제한다. 그리고 패배는 그들의 승리의 시작이다.

패배는 뼈를 부싯돌로 만든다. 강인함을 근육으로 만들며, 인간을 무적으로 만든다. 지금 승승장구하는 영웅적 본성을 만든 것은 패배이며, 억압의 쓰라린 법칙 대신 자유의 달콤한 법칙을 가져다준 것도 패배이다.

어려움은 위대한 자질을 불러일으키고 위대함을 가능하게 한다. 몇 세기에 걸친 평화가 그랜트를 발전시켰을까? 전쟁이라는 거대한 무게가 링컨의 성품을 드러내기 전까지 링컨을 아는 사람은 거의 없었다. 평화의 세기는 비스마르크 같은 인물을 만들어내지 못했을 것이다. 노예제가 아니었다면 필립스와 개리슨도 역사에 알려지지 않았을 것이다.

불에 의해 성질이 다스려지고 연마를 통해 날카로워져야 최고의 도구가 된다. 가장 고귀한 성격도 비슷한 방식으로 계발된다. 다이아몬드는 단단할수록 광채가 더 빛나고, 그 광채를 끌어내는 데 필요한 마찰 또한 커진다. 이 가장 귀한 돌의 아름다움을 온전히 드러낼 수 있을 정도로 단단한 것은 오직 이 돌의 먼지뿐이다.

부싯돌의 불꽃은 마찰이 없으면 영원히 잠들고, 사람의 불은 적대감이 없으면 절대 타오르지 않는다.

갑자기 큰 소음 및 흔들림과 함께 전기차 한 대가 대형 쌍두마차 앞에 멈춰 섰다. 거대한 마차 바퀴가 비에 젖어 미끄러운 도로 위를 빙글빙글 돌고 있었다. 마차 운전사의 재촉과 말들의 잡아당김에도 모든 수고가 헛되었다. 그때 전기차 운전사가 조용히 무거운 바퀴 밑에 모래를 한 삽 던지자 마차는 다시 제자리로 돌아왔다. "마찰은 아주 좋은 것이다"라고 한 승객이 말했다.

철학자 칸트는 비둘기가 극복해야 할 유일한 장애물을 공기의 저항으로 보았으므로 공기의 방해만 받지 않는다면 더 빠르고 더 쉽게 날 수 있을 것으로 생각했을 것이다. 그러나 공기가 사라져 새가 진공 상태에서 비행해야 한다면 새는 순식간에 땅에 떨어져 전혀 날 수 없게 된다. 비행에 반대를 제공하는 그 요소가 비행의 조건이 된다.

비상사태가 위인을 만든다. 만약 남북전쟁이 없었다면 거기서 나온 위대한 영웅들은 우리 시대의 영웅들로 기록되지 않았을 것이다.

인생에서 더 높은 곳으로 올라가기 위한 노력이나 투쟁에는 힘과 존엄성이 있으며, 비록 우리가 원하는 지위에 오르지 못하거나 원하는 상을 얻지 못할지라도 우리를 더 강하게 만든다.

비상사태는 목적 없고 게으르고 쓸모없는 뇌에서 종종 알려지지 않고 예상하지 못한 힘과 미덕을 불러일으킨다. 부모의 죽음이나 재산을 잃은 후, 또는 다른 재난으로 인정과 의존이 무너진 후 놀라운 능력과 에너지를 계발하는 젊은이를 자주 볼 수 있다. 감옥은 많은 고귀한 사람의 마음속에 불을 지폈다. 《로빈슨 크루소》는 감옥에서 쓰였다. 《천로역정》은 베드퍼드 감옥에서 나왔고, 월터 롤리 경은 13년간의 수감 동안 《세계사》를 썼다. 루터는 바르트부르크성에 갇혀 있는 동안 성경을 번역했다. 단테는 20년 동안 망명 생활을 했고, 심지어 사형 선고까지 받았다.

같은 나무에서 가능한 한 거의 비슷한 두 개의 도토리를 가져다가 하나는 언덕에 심고 다른 하나는 울창한 숲에 심어 자라는 것을 지켜보라. 홀로 서 있는 참나무는 모든 폭풍에 노출된다. 뿌리는 사방으로 뻗어 바위를 움켜쥐고 땅속 깊숙이 파고든다. 모든 뿌리는 마치 거인과의 치열한 충돌을 예상한 듯 거목을 안정적으로 지탱해준다. 때로는 수년간 성장이 멈춘 것처럼 보이지만, 그동안 큰 바위를 가로질러 뿌리를 단단히 고정하기 위해 에너지를 소비하고 있었다. 그런 다음 허리케인에 맞설 준비를 마치고 당당하게 다시 하늘로 솟아오른다. 넓은 가지를 무례하게 휘두르는 강풍은 오크나무의 속살부터 나무껍질까지 미세한 섬유를 더욱 단단하게 하는 역할을 할 뿐이다.

반면 깊은 숲에 심은 도토리는 연약하고 가느다란 묘목을 틔운다. 이웃의 보호를 받는 도토리는 굳이 뿌리를 넓게 뻗어 지탱할 필요를 느끼지 못한다.

최대한 비슷하게 생긴 두 명의 남자를 데려온다. 한 명은 도시의 온실 문화와 세련함에서 멀리 떨어뜨려 지방 학교와 주일학교, 그리고 책 몇 권만 가지게 하라. 모든 종류의 부와 존경을 제거하라. 그에게 올바른 자질이 있다면 그는 번성할 것이다. 장애물을 극복할 때마다 다음 갈등을 헤쳐 나갈 힘을 얻는다. 쓰러지면 이전보다 더 굳은 의지로 일어난다. 장애물을 만날수록 고무공처럼 더 높이 튀어 오른다. 장애물과 반대는 그의 남성성을 발전시키는 체육관의 장치일 뿐이다. 그는 자신의 가난을 조롱했던 사람들로부터 존경과 인정을 받아낸다. 다른 소년을 밴더빌트 가족에 넣으라. 그에게 프랑스와 독일 식모를 배정하고 그의 모든 소원을 들어주라. 훌륭한 선생의 지도를 받고 하버드에 보내라. 매년 수천 달러의 용돈을 주고 여행을 많이 다니게 하라.

두 사람이 만난다. 도시 소년은 시골 형제가 부끄럽다. 시골 형제의 허름하고 울이 다 드러난 옷, 딱딱한 손, 황갈색 얼굴, 어색한 태도는 다른 형제의 젠틀한 모습과 안타까운 대조를 이룬다. 가난한 소년은 자신의 어려운 처지를 한탄하고 "인생에 기회가 없다"라고 후회하며 도시 형제를 부러워한다. 그는 그들 사이에 그렇게 넓은 간극을 두는 것이 잔인한 섭리라고 생각한다.

그들이 성인이 되어 다시 만났을 때 얼마나 변했는지! 조선업자가 거친 산참나무의 판자와 숲묘목의 판자를 구별하는 것처럼, 튼튼하고 자수성가한 사람과 평생 부, 지위, 가족의 영향력에 의해 지탱된 사람을 쉽게 구별할 수 있다.

하느님께서 사람을 교육하고 싶으실 때, 그분은 그를 우아함의 학교에 보내지 않으시고 궁핍의 학교로 보내신다. 구덩이와 지하 감옥을 통해 요셉은 권좌에 올랐다. 우리는 우리 안에 있는 절반의 신성을 띠는 인간성의 갈망을 의식하지 못한다. 우리는 채워야만 하는 아주 큰 틈이 벌어지거나 애착이 산산이 부서져 필요를 의식하게 될 때까지 우리 안에 계신 하느님을 깨닫지 못한다. 로마 감옥에 갇힌 성 바울, 콘스탄츠에서 화형에 처해진 얀 후스, 암스테르담 감옥에서 죽어간 틴데일, 혁명의 소용돌이 알드게이트 거리에서 두 소년을 가르치던 밀턴, 중앙아프리카 흑인 오두막에서 홀로 그림자가 되어 죽어간 데이비드 리빙스턴. 그들에게는 자신이 실패자로 보였을지 모르지만, 하느님은 그들의 굴욕을 통해 얼마나 위대한 목적을 이루셨던가!

한번은 두 명의 노상강도가 교수대를 지나칠 기회가 있었는데, 그중 한 사람이 외쳤다. "교수대가 없다면 우리 직업이 얼마나 멋진 직업이 되었을까!" 그 말을 듣고 다른 한 사람이 대답했다. "훗, 이 멍청한 놈아. 교수대 때문에 우리가 먹고사는 거야. 교수대가 없다면 모두가 노상강도가 되었겠지." 모든 예술, 무역 또는 추구가 그렇듯이 무가치한 경쟁자를 겁주고 막는 것은 어려움이다.

"성공은 어려움을 극복하기 위한 몸부림에서 나온다"라고 스마일스는 말한다. "어려움이 없다면 성공도 없다. 이 분투를 위한 필요에서 우리는 인류 발전의 주요 원천인 개인의 발전과 국가의 발전을 발견할 수 있다. 이것이 이 시대 대부분의 기계 발명과 개선을 이끌었다."

멘델스존은 버밍엄 오케스트라에 입단할 때 비평가들에게 "발톱을 내게 들이대라. 당신들이 무엇을 좋아하는지 말하지 말고 무엇을 싫어하는지 말하라"라고 말했다.

존 헌터는 전문의가 자신의 실패와 성공을 공개할 용기를 갖기 전에는 수술 기술이 절대로 늘 수 없다고 말했다.

피바디 박사는 "젊은이는 자신이 노력하고 갈망하는 목표에 이르는 완벽하게 매끄럽고 쉬운 길을 기대하지 않는 법을 배워야 한다. 어려움과 낙담에 부딪히지 않고 만족할 만한 위치에 도달하는 사람은 거의 없다. 이러한 어려움은 적절히 극복하면 겉으로 보이는 것과는 달리 장애물이 아니라 도움이 될 수 있다. 장애물을 극복하는 것보다 더 도움이 되는 유익한 운동은 없다"라고 말했다.

세르반테스는 마드리드 감옥에서 《돈키호테》를 썼다. 그는 너무 가난해서 마지막 집필 기간에는 종이를 구할 수 없어 가죽 조각에 써야 했다. 한 부유한 스페인인에게 그를 도와달라는 부탁이 들어왔지만, 그 부자는 이렇게 대답했다. "하늘은 그의 궁핍을 덜어주는 것을 금하지 않겠지만, 그의 가난이 세상을 부유하게 만듭니다."

베토벤은 로시니에 대해 "그는 훌륭한 음악가가 될 소질이 있었다. 어릴 때 채찍질만 잘 받았어도 훌륭한 음악가가 될 수 있었는데, 작곡을 너무 쉽게 배워서 망가져 버렸다"라고 말했다.

우리는 갈망하는 것을 얻기 위해 필사적으로 싸우면서 최선을 다한다.

워터스가 말하길, 지식을 얻고 세상에서 자신을 발전시키기 위한 몸부림은 정신을 강화하고 능력을 단련하며, 판단력을 성숙시키고 자립심을 키우며, 독립적으로 사고하고 인격에 힘을 준다.

코수스는 자신을 "폭풍우에 던져진 영혼, 고난으로 눈이 날카로워진 영혼"이라고 했다.

어린 독수리가 날 수 있게 되자마자 어미 독수리는 둥지를 찢어 새끼 독수리를 굴러 떨어뜨려 날갯짓으로 날아가게 한다. 어미 독수리의 이런 무례하고 거친 처사는 그가 새의 왕이 되고 먹이를 쫓는 사나운 전문가가 되게 한다.

경계에서 쫓겨나고, 무리에서 던져지고, 발로 차여 나간 소년들은 일반적으로 "되어간다." 그러나 이런 불리한 점이 없는 소년들은 종종 "드러나는 것"에 실패한다.

"나를 강하게 만든 것은 승리가 아니라 내 인생의 패배였다"라고 노년의 시든햄 포인츠는 말했다.

역사의 시작부터 히브리인들은 억압을 많이 겪었지만, 그들은 가장 고귀한 노래, 가장 현명한 속담, 가장 감미로운 음악을 세상에 선사해 왔다. 이들에게는 핍박이 오히려 번영을 가져다주는 것처럼 보인다. 그들은 다른 사람이라면 굶주릴 만한 곳에서 번성한다. 그들은 많은 나라의 돈줄을 쥐고 있다. 이들에게 고난은 "봄날의 아침처럼 싸늘하지만 친절하다. 봄날의 추위는 해충을 죽여 식물을 살게 한다."

크림 전쟁의 한 전투에서 대포알이 요새 내부를 강타하여 아름다운 정원을 박살 냈다. 그러나 그 흉한 틈새에서 샘물이 솟아났고, 그 후 생수의 샘이 흐르기 시작했다. 불행과 슬픔이 우리 마음에 만드는 흉한 틈에서 풍부한 경험과 새로운 기쁨이 솟아나는 경우가 많다.

부를 잃었다고 한탄하거나 슬퍼하지 마라. 창조주께서는 당신 안에 있는 웅장하고 강력한 것을 보실 수 있다. 그러나 당신의 부가 방해가 된다면 그분조차도 그것을 꺼낼 수 없다. 당신은 부라는 목발을 버리고 당신의 발로 서서 오랫동안 사용하지 않은 인간성의 근육을 개발해야 한다. 하느님께서는 가난의 혹독한 타격만이 연마할 수 있는 거친 다이아몬드를 당신 안에서 보신다.

하느님은 우리 인생의 가장 풍부한 선율이 어디에 있는지, 그리고 그것을 끌어내기 위해 어떤 기술과 훈련이 필요한지 알고 계신다. 서리, 눈, 폭풍우, 번개는 작은 도토리를 튼튼한 참나무로 자라게 하는 거친 스승이다. 긴 여름만큼이나 혹독한 겨울도 이 나무에는 필수이다. 도토리에서 나온 순간부터 배의 목재로 들어갈 때까지 반세기 동안 생존을 위해 폭풍우와 씨름하고 자연과 투쟁하는 것이 그 나무에 가치를 부여한다. 이 투쟁이 없다면 그 나무는 특성도 없고 힘도 없고 감각도 없을 것이며, 그 결은 결코 고운 광택을 낼 수 없을 것이다. 가장 아름답고 가장 강한 나무는 열대 기후가 아니라 서리와 겨울의 추위와 싸워야 하는 혹독한 기후에서 발견된다.

많은 사람이 자신의 모든 것을 잃을 때까지 자신을 찾지 못했다. 역경이 그를 벗겨내야만 자신을 발견할 수 있었다. 장애물과 고난은 강한 인생을 아름다운 인생으로 만드는 끌과 망치이다. 산비탈에 절벽처럼 튀어나온 바위가 사람이라고 한다면, 그는 수 세기에 걸쳐 평화를 방해하는 구멍 뚫기와 발파에 대해 불평할 것이다. 채석공에 의해 가루가 되고 망치질을 당하고 사각형 모양으로 되는 것은 즐겁지 않다. 하지만 다시 보라. 우아하고 아름답게 깎인 웅장한 동상과 기념비가 수 세기 동안 광장에서 용맹에 대한 웅장한 이야기를 들려주고 있다.

이 동상은 발파, 깎기, 연마 작업이 없었다면 대리석 속에 영원히 잠들어 있었을 것이다. 우리 삶의 거친 채석장에서 고난의 폭파, 장애물의 깎기, 수천 가지 성가신 일의 연마가 없었다면 더 높고 고귀한 자아의 천사는 영원히 알려지지 않았을 것이다.

행운의 뒤바뀜이나 끔찍한 고통으로 인해 삶에서 인내심, 차분한 견딤, 달콤한 사랑이 깎여 나오는 것을 보지 않은 사람이 있을까?

행운의 뒤바뀜이 세상의 모든 것을 휩쓸고 갔을 때, 질병이 인생에서 소중히 여기는 모든 것을 빼앗아 갔을 때, 얼마나 많은 사업가가 인간성을 향해 큰 진전을 이루고 큰 미덕을 발전시켰던가! 불행의 폭발이 절벽을 찢어 내고, 어려움과 장애물이 화강암 덩어리를 사각형으로 만들어 우아함과 아름다움으로 깎을 때까지, 우리는 종종 우리 삶의 채석장에서 천사, 즉 인간성의 조각상을 볼 수 없다.

망가져서 살아남은 사람이 많다. 그의 가장 소중한 희망을 강타한 번개는 그의 어두운 삶에 새로운 균열을 만들었고, 그때까지 한 번도 보지 못했던 자신의 모습을 볼 수 있게 했다. 그의 가장 소중한 희망이 죽어 무덤에 묻혔지만, 그의 본성에 있는 인내심, 그리고 전에는 꿈도 꾸지 못했던 희망의 가능성을 발견하게 했다.

에드먼드 버크는 "역경은 우리 자신보다 우리를 더 잘 알고 우리를 더 사랑하시는 분이 우리 위에 세우신 가혹한 스승이다. 우리와 씨름하는 자는 우리의 신경을 강화하고 우리의 기술을 연마한다. 우리의 적대자는 우리의 조력자이다. 이러한 어려움과의 갈등은 우리의 목적을 알게 하고 모든 관계에서 그것을 고려하도록 강요한다. 겉으로 드러나는 것 때문에 힘들어할 필요는 없다"라고 말한다.

올바른 자질을 가진 사람은 수천 가지 불리한 상황에도 자신의 개성을 주장하고 일어날 것이다. 당신은 그들을 막을 수 없다. 모든 장애물은 그것을 극복하는 그들의 능력을 더할 뿐이다.

밑바닥에서 올라온 사람이 가장 위대한 사람이 될 것이다. 천재성과 재능과 미덕은 궁궐보다는 농가에서 나올 확률이 만 배나 높다는 말이 있다.

　역경은 어리석은 자를 격분시키고 비겁한 자를 낙담시키지만, 현명하고 부지런한 자의 능력을 끌어내고, 겸손한 자에게 능력을 시험할 필요를 느끼게 하며, 부유한 자에게 두려움을 갖게 하고, 게으른 자를 부지런하게 만든다. 바다의 폭풍과 같은 역경의 폭풍은 항해자의 발명, 신중함, 기술, 인내심을 일깨우고 창의력을 자극한다. 햇볕이 계속 내리쬐는 사람은 8월의 대지 같다. 그는 잘 구워져 단단하고 결이 촘촘하다. 인간은 역경에서 위대함의 요소를 끌어낸다.

　베토벤은 귀가 거의 들리지 않아도 슬픔의 짐을 짊어지고 위대한 작품을 썼다. 쉴러는 극심한 신체 고통 속에서 최고의 책을 썼다. 그는 15년 동안 고통에서 자유롭지 못했다. 밀턴은 눈이 멀고 가난하고 아플 때 주요 작품을 썼다. 그는 "가장 잘 고통받을 수 있는 사람이 가장 잘할 수 있는 사람"이라고 말했다. 번연은 만약 그것이 옳은 일이라면 더 큰 위로를 줄 것이기 때문에 더 큰 고통을 위해 기도할 수 있다고 말했다.

　전염병의 입김이 십만 명의 목숨을 앗아가고 큰불이 값싸고 초라하고 사악한 런던을 삼킨 후에야 런던은 불사조처럼 잿더미와 폐허에서 웅장하고 강력한 도시로 다시 태어났다.

진정한 샐러맨더*는 박해의 용광로에서 가장 잘 산다.

최고의 시인 중 다수는

"잘못해서 시를 쓰게 되었고,
고통 속에서 노래로 가르치는 것을 배웠다."

바이런은 19살에 출간한 첫 시집 《게으름의 시간》에서 받은 혹독한 비평 때문에 정상의 자리에 오르겠다는 결심을 굳혔다. 매콜리는 "바이런처럼 갑작스럽게 현기증이 날 정도로 높은 명성을 얻은 사례는 역사상 거의 없다"라고 말했다. 몇 년 후 바이런은 스콧, 사우디, 캠벨과 같은 인물들과 어깨를 나란히 했고, 천재에게는 치명적인 나이인 서른일곱에 세상을 떠났다. "말더듬이 잭 커런" 또는 "웅얼웅얼 웅변가"라는 별명이 붙었던 J. P. 커런은 조롱과 욕설로 인해 웅변에 더욱 박차를 가하게 되었다.

바야흐로 의존의 시대이다. "도움"과 "보조"라는 단어가 도처에서 광고되고 있다. 연구소, 대학, 교사, 책, 도서관, 신문, 잡지가 있다. 우리를 위해 우리의 생각이 만들어진다. 우리의 문제는 모두 "설명"과 "비결"로 해결된다. 우리의 아이들은 대학에 진학할 때까지 과외를 받는 경우가 너무 많다. "지름길"과 "요약된 방법"은 세기의 특징이다. 대학 과정의

---

* 불 속에서 살면서 불을 끌 수 있는 능력이 있다고 여겨지는 도롱뇽을 닮은 전설 속의 괴물

고단함을 없애기 위해 모든 곳에서 기발한 방법이 사용된다. 신문은 우리에게 정치를 제공하고 설교자는 종교를 제공한다. 자조와 자립은 구식이 되어가고 있다. 축복이 지체되었다고 의식이라도 한 듯, 자연의 여신은 놀라운 힘으로 인간의 구제를 위해 달려와 세상의 고된 일을 하며 에덴동산의 저주에서 인간을 해방시키는 일에 들어간다.

그러나 그녀의 칙령을 오해해서는 안 된다. 그녀는 낮은 곳에서 높은 곳으로 부르기 위해서만 해방시킨다. 그녀는 일하는 동안 세상에게 나가서 놀라고 하지 않았다. 그녀가 근육을 해방시키는 것은 머리와 마음을 사용하도록 하기 위해서이다.

가장 아름답고 가장 강한 성격은 나무에서 빵을 발견하는, 큰 노력이 이미 실행되어 있는 따뜻한 기후에서 계발되는 것이 아니라, 오히려 혹독한 기후와 척박한 토양에서 계발된다. 매일의 노동에 대한 대가로 힌두교도에게는 1페니를, 미국인 노동자에게는 1달러를 주는 것은 우연이 아니다. 광물 자원이 풍부한 멕시코는 가난하고, 화강암과 얼음이 풍부한 뉴잉글랜드는 부유하다. 그것은 단호하게 불가피한 것이고, 얼기 위한 몸부림이다. 그것은 인간성을 발달시키며 인류를 야만에서 벗어나게 하는 값진 원동력이다. 지적 노동은 세상을 황무지에서 발견해 정원으로 만들었다.

조각가가 대리석 덩어리에 갇혀 있는 천사만 생각하듯 자연의 여신은 인류 안에 있는 남자 또는 여자에게만 관심이 있다. 조각가는 돌덩어리 자체에는 관심이 없다. 자연의 여신은 숨 쉬는 흙덩어리는 존중할 마음이 없다. 조각가는 천사를 해방시키기 위해 불필요한 재료는 모두 잘라낼 것이다. 자연의 여신은 우리의 가능성을 끌어내기 위해 우리를 무자비하게 깎고 두드릴 것이다. 그녀는 우리의 부를 빼앗고, 우리의 자존심을 낮추고, 우리의 야망을 모욕하고, 명예의 사다리에서 우리를 떨어뜨릴 것이며, 약간의 인격을 계발할 수 있다면 수천 가지 방법으로 우리를 훈련시킬 것이다. 모든 것을 내려놓아야만 할 것이다.

"영웅은 달콤한 것을 먹지 않는다.
매일 자신의 마음을 먹는다.
위대한 자의 방은 감옥이다.
그리고 왕의 돛에는 맞바람이 분다.

그렇다면 모든 거절을 환영하라.
그것은 땅의 부드러움을 거칠게 만든다.
앉지도 서지도 말고 가라고 명령하며
모두를 찌른다.   • 브라우닝

20장

결단

결단하라, 그러면 자유롭다. •롱펠로

우리 언어에서 가장 무거운 의미를 지닌 단어는 "예"와 "아니오"라는 가장 짧은 단어이다. 하나는 의지의 항복을, 다른 하나는 거부를 의미한다. 또한, 하나는 남을 만족시키는 것을, 다른 하나는 성격을 의미한다. 단호한 "아니오"는 강한 성격을, 준비된 "예"는 약한 성격을 의미한다. 우리는 각각에 원하는 대로 금을 입힐 수 있다. •T. 멍거

세상은 모든 것이 정가로 표시된 시장이며, 우리가 시간, 노동 또는 재간으로 구입하는 것이 무엇이든, 그것이 부, 안락함, 명성, 성실성 또는 지식이든, 우리는 자신의 결정을 따라야 하며, 어린아이처럼 한 가지를 구입한 후 우리가 구입하지 않은 다른 것을 소유하지 않았다고 후회해서는 안 된다. •매슈

> 사람은 자신의 일을 지배해야 하고, 그 일이 자신을 지배하게 해서는 안 된다. 그는 어느 쪽에서 실수를 할 것인지 즉시 결정할 수 있는 힘을 가져야 한다.
> • P. D. 아머

공화정 시대에 로마가 갈리아인에게 포위되었을 때 로마인은 너무 압박을 받아 금으로 평화를 사는 데 동의했다. 그들은 금의 무게를 재는 중이었는데, 카밀루스가 현장에 나타나 몸값 대신 자신의 칼을 저울에 던지며 로마인은 평화를 돈이 아닌 칼로 얻는다고 선언했다는 전설이 전해져 내려온다. 이 대담하고 신속한 결정은 로마인을 흥분시켰고, 그들은 적을 신성한 땅에서 쓸어버렸다.

긴급 상황에서 신속하고 단호하며 긍정적인 사람이 도착하면, 비록 잘못될 수 있을지라도 무언가를 할 수 있는 사람이 도착하면, 모든 것이 바뀐다. 그런 사람은 산 정상에서 불어오는 상쾌한 바람과 같다. 그는 주저하고 당황한 군중에게 강장제 같은 존재이다.

안티오코스 에피파네스가 당시 로마의 보호 아래 있던 이집트를 침략했을 때, 로마는 한 사신을 보내 알렉산드리아 근처에서 안티오코스를 만나 철수하라는 명령을 전했다. 침략자는 대답을 회피했다. 그러자 용감한 사신은 칼을 들고 침략자의 주위를 한 바퀴 돌며 그가 대답할 때까지 선을 넘지 못하게 했다. 용감한 사신의 신속한 결정으로 침략자는 철수하게 되었고 전쟁을 막을 수 있었다. 로마인의 신속한 결정은 수많은 전투에서 승리했고, 로마인을 세계의 주인으로 만들었다. 세계 역사에서 위대한 업적은 모두 신속하고 확고한 결정의 결과이다.

한 세기에 족적을 남긴 사람들은 위대한 결정을 신속하게 내린 사람들이다. 결정하지 못하는 사람, 두 가지 의견 사이에서 늘 평형을 잡으며 두 개 중 어느 쪽을 선택할지 끊임없이 고민하는 사람은 우유부단해 스스로 통제할 수 없어 다른 사람의 소유물이 될 운명이라고, 자신은 남자가 아니라 누가 시키는 대로 움직이는 위성이라고 선언하는 것이다. 결단력 있는 사람, 신속한 사람은 유리한 상황을 기다리지 않는다. 그는 사건에 복종하지 않는다. 사건이 그에게 복종해야 한다.

흔들리는 사람은 항상 마지막에 대화를 나눈 사람의 의견에 휘둘린다. 그는 옳은 것을 볼 수 있지만 잘못된 방향으로 표류한다. 어떤 길을 결정하면 누군가가 반대할 때까지만 그 길을 따른다.

율리우스 카이사르가 이탈리아의 경계가 되는 루비콘강에 이르렀을 때, 그는 원로원의 허가 없이는 어떤 장군도 들어갈 수 없는 "신성불가침의 땅"을 침입한다는 생각에 마음이 흔들렸다. 하지만 그의 선택은 "내가 파괴당할 것이냐, 아니면 내 나라를 파괴할 것이냐"였고, 그의 용감한 마음은 오래 흔들리지 않았다. "주사위는 던져졌다." 그는 군대를 이끌고 물길로 뛰어들면서 말했다. 그 순간의 결정으로 전 세계의 역사가 바뀌었다. "왔노라, 보았노라, 정복했노라." 그는 오래 머뭇거릴 수 없었다. 그는 나폴레옹처럼 한 가지 길을 선택하고, 이에 상충하는 모든 계획을 순식간에 희생시킬 수 있는 힘을 가졌다. 그가 군대를 이끌고 브리튼에 상륙했을 때, 그곳 주민들은 절대로 항복하지 않기로 결심했다. 카이사르는 병사들을 승리 아니면 죽음으로 내몰아야 한다는 사실을 즉각 깨달았다. 퇴각의 희망을 차단하기 위해 그는 병사들이 브리튼 해안까지 타고 온 배를 모두 불태워버렸다. 돌아갈 희망은 없었고 승리 아니면 죽음이었다. 이 행동은 위대한 전사의 인격과 승리의 열쇠였다.

《실낙원》에서 사탄이 하늘에서 절망적으로 추방된 후 내린 고뇌에 찬 결정은 감탄 비슷한 감정을 불러일으킨다. 끔찍한 긴장의 순간이 지난 후 그는 다시 무적의 기운을 되찾고 다음과 같은 웅장한 대사를 한다. "내가 여전히 같다면 어디에 있든 그게 무슨 상관이랴?"

밀고 나가야 할 최선의 길을 즉시 결정하고 이에 반대되는 모든 동기를 희생시킬 수 있는 힘, 그리고 희생시킨 뒤에는 영원히 침묵하게 해 자신의 주장을 하지 못하고 결정된 하나의 길에서 주의를 분산하지 못하게 하는 힘은 성공을 거두는 가장 강력한 힘의 하나이다. 망설이는 것은 때로 길을 잃는 것이다. 끊임없이 뒤틀고, 돌리고, 물러서고, 채우고, 망설이고, 머뭇거리고, 뒤섞고, 이리저리 따지고, 저울질하고, 평형을 맞추고, 비본질적인 것에 머리를 쥐어뜯고, 새로운 동기가 나타날 때마다 귀를 기울이는 사람은 아무것도 성취할 수 없다. 그에게는 긍정성이 충분하지 않다. 부정성은 아무것도 성취하지 못한다. 부정적인 사람은 자신감을 만들지 못하고 불신만 불러일으킨다. 그러나 긍정적인 사람, 결단력 있는 사람은 세상의 힘이며 무언가를 의미한다. 당신은 그를 측정하고 가늠할 수 있다. 그의 에너지로 성취할 일을 추정할 수 있다.

알렉산드로스 대왕은 어떻게 세계를 정복할 수 있었느냐는 질문에 "흔들리지 않음으로써"라고 대답했다는 일화가 전해진다.

한밤중 아일랜드 절벽에 부딪힌 우편선 스티븐 휘트니호가 잠시 절벽에 매달렸을 때, 바위 위로 순간적으로 뛰어내린 승객은 모두 구사일생으로 살아났다. 그들은 적극적인 발걸음 덕분에 안전하게 착륙할 수 있었다. 남아 있던 사람들은 밀려오는 파도에 휩쓸려 영원히 사라지고 말았다.

흔들리는 사람은 결코 신속한 사람이 아니며, 신속함 없이는 성공할 수 없다. 좋은 기회는 운이 좋은 사람에게 드물게 찾아올 뿐만 아니라 금방 사라지는 경우도 많다.

존 포스터는 "결단력 없는 사람은 결코 자신을 소유한다고 할 수 없다. 그가 감히 그렇게 주장한다면, 거미만큼의 힘이 있는 어떤 대의의 미약한 힘이 바로 다음 순간에 그 불행한 허풍쟁이를 발작하게 만들고, 그의 이해와 의지의 독립성을 증명해야 했던 결단이 쓸모없다는 것을 경멸적으로 보여주기 때문이다"라고 말한다. "그는 그를 붙잡을 수 있는 모든 것에 귀속되어 있으며, 강 가장자리에 떠 있는 나뭇가지와 조각이 잡초에 의해 가로채어 작은 소용돌이에 휘말리는 것처럼, 그가 계속 가려고 하는 동안 그를 체포함으로써 그에 대한 소유권을 잇달아 증명한다."

결단력 있는 사람은 우물쭈물하고 미루는 데 드는 시간을 아낄 수 있는 이점이 있을 뿐만 아니라, 한쪽의 주장을 받아들였다가 다른 쪽의 주장을 받아들이는 바람에 당황하는 사람이 낭비하는 에너지와 활력도 아낄 수 있다. 그는 안정된 평형 상태에 있기 때문에 자신의 의지로 전혀 움직이지 않고 다른 사람의 의지에 따라 매우 쉽게 움직인다.

그러나 신속하게 행동하는 법을 배운다면 빠르고 결단력 있는 사람이 되지 않을 이유가 없다. 시간을 잘 지키는 사람, 결단력 있는 사람은 자신이 무엇을 원하는지 모르는 우유부단한 사람보다 두 배나 많은 일을 할 수 있다. 신속한 결정은 나폴레옹과 그랜트, 그리고 그들의 군대를 지체하면 치명적일 수 있는 상황에서 여러 번 구해냈다. 나폴레옹은 전투가 하루 종일 지속될 수도 있지만, 대개는 몇 분의 결정적 순간에 교전의 운명이 결정된다고 말하곤 했다. 거의 전 유럽을 제압한 나폴레옹의 의지는 가장 큰 전투에서 그랬던 것처럼 세세한 부분의 지휘에서도 신속하고 단호했다.

목적에 대한 결단력과 행동의 신속성 덕분에 그는 놀라운 성공으로 세계를 놀라게 했다. 그는 한 번에 모든 곳에 있는 것처럼 보였다. 그가 하루에 해내는 일은 그를 아는 모든 사람을 놀라게 했다. 그는 모든 사람에게 감동을 주는 것 같았다. 그의 무적의 에너지는 전 군대를 흥분시켰다. 그는 가장 무딘 군대도 즉각적이고 열정적으로 행동하게 만들었고, 가장 어리석은 병사에게도 용기를 불어넣을 수 있었다. 그는 "만약(if)과 그러나(but)는 현재 상황과 맞지 않으며, 무엇보다 신속하게 처리되어야 한다"라고 말했다. 그는 90~120마일을 말을 타고 다녀온 뒤에도 필요하다면 서신교환과 파견, 세부 사항을 처리하기 위해 밤을 새우기도 했다. 게으르고, 움직이지 않고, 마음이 반쪽인 사람들에게 얼마나 큰 교훈을 주는가!

모틀리는 "카를 5세의 우유부단함이 문명 세계의 운명을 바꾸었다"라고 말한다.*

워싱턴 대통령의 견해가 국민의 행동을 결정하는 데 강력한 영향을 미쳤기 때문에, 의회가 휴회했을 때 제퍼슨은 파리에 있는 먼로에게 다음과 같이 편지를 보냈다. "당신은 그들의 절차를 보면서 내가 항상 말했던 진실, 즉 영향력에서 그들 모두와 그들의 대표자를 능가하는 한 사람이 자신의 판단을 지지하는 것을 보게 될 것이다. 공화주의는 배를 항해사에게 맡긴다."

어려움을 겪지 않는 직업은 없으며, 인생의 어려운 장면을 만날 때마다 흔들리는 청년은 성공하지 못할 것이다. 결단 없이는 집중할 수 없으며 성공하려면 집중해야 한다.

---

* 역사학자 존 로스롭 모틀리는 신성로마제국의 황제 카를 5세가 종교개혁, 특히 마틴 루터가 이끄는 프로테스탄트 운동을 단호하게 제압하지 못하고 머뭇거린 결과 프로테스탄트가 유럽에 확산되면서 세계가 바뀌었다고 주장한다. 예를 들어, 가톨릭의 지배력 약화, 민족국가의 부상, 그리고 30년 전쟁과 같은 갈등이 발생해 세계 문명에 지대한 영향을 끼쳤다는 것이다.

결정하지 않는 사람은 집중할 수 없다. 그는 에너지를 소진하고 힘을 흩뿌리며 아무것도 실행하지 않는다. 그는 성공을 가져올 만큼 한 가지를 오래 붙잡을 수 없다. 어떤 직업이 그에게 장밋빛 면을 보여주고, 그는 그것이 하고 싶은 일이라고 확신하고 열정으로 가득 차서 평생의 일로 채택한다. 그러나 며칠 후 힘든 면이 나타나기 시작하면 열정이 증발하고 자신이 그 직업에 적합하다고 생각한 것이 왜 그렇게 어리석었는지 궁금해한다. 그는 친구가 선택한 것이 그에게 훨씬 더 적합하다고 생각해 자신의 것을 버리고 다른 것을 선택한다. 그렇게 그는 자신의 판단이나 상식을 사용하지 않고 그때그때의 인상과 감정에 지배되는 새로운 직업에 사로잡혀 인생이 흔들린다. 그런 사람은 결코 원칙에 따라 행동하지 않는다. 그들은 오늘도 내일도 여기저기서 이런 일 저런 일을 하면서 지난 직업에서 고되게 습득한 모든 기술을 버린다. 사실, 그들은 어떤 일에서도 고된 단계를 넘어 보람 있고 즐거운 단계, 즉 숙련된 단계에 도달하기 위해 충분히 나아가지 못한다. 그들은 항상 직업의 초기에서 인생을 보내며, 이 시기가 그들에게는 가장 좋은 때이다. 그들은 유능하고 편안하며 만족감을 느끼는 단계에 거의 도달하지 못한다.

아름다운 소녀에게 옥수수밭을 지나면서, 멈추거나 돌아가거나 여기저기 헤매지 않고 가장 크고 잘 익은 옥수수를 고르면 귀한 선물을 주겠다고 약속한 어떤 천재에 관한 전설이 있다. 선물의 가치는 옥수수알의 크기와 완벽함에 비례했다. 그녀는 멋진 옥수수들을 많이 지나갔지만 가장 크고 완벽한 옥수수를 얻으려는 열망이 너무 커서, 옥수수알이 점점 더 작아지고 발육이 더딜 때까지 멈추지 않고 계속 갔다. 마침내 알이 너무 작아서 하나를 고르기가 부끄러울 정도까지 이르렀지만, 돌아가는 것이 허락되지 않았기에, 그녀는 어떤 옥수수도 고르지 못한 채 밖으로 나와야 했다.

알렉산드로스는 큰 목적에 가슴이 두근거려 세계를 정복하고, 한니발은 로마인에 대한 증오심에 불타 알프스산맥을 넘어 자신의 계획을 실행에 옮긴다. 다른 사람이 어려움을 한탄하고 위험과 장애물에서 움츠러들고 편법을 준비하는 동안 위대한 영혼은 소란이나 소음 없이 한 걸음 내딛는다. 그때 산이 평평해지고 길이 열린다. 그러므로 강하고 단호한 의지를 배우라. 떠다니는 삶을 고정하고 더 이상 시든 잎사귀처럼 불어오는 바람에 여기저기 옮겨 다니지 않도록 하라. 결정하지 못하는 사람은 모든 사람의 길을 막는 것처럼 보이지만 정작 아무도 막지 못하는 박람회의 개찰구와 같다.

아모스 로런스는 "문제의 비결은, 우리는 즉시 행동하는 습관을 길렀기 때문에 밀물의 꼭대기에 올라탈 수 있었고, 다른 사람들은 반조(半潮) 때까지 지체하는 습관이 있었기 때문에 갯벌 위에 올랐던 것이다"라고 대답했다.

우리 도시에서 방황하는 대부분의 젊은 남녀는 그들의 나약한 정열에 호소하는 수많은 유혹에 "아니오"라고 말하지 못하기 때문에 파멸한다. 조금만 결단력을 보인다면, 단호하게 "아니오"라고 한 번만 말해도 유혹자들을 영원히 침묵시킬 수 있다. 그러나 그들은 약하고, 기분을

상하게 하는 것을 두려워하고, "아니오"라고 말하는 것을 좋아하지 않기 때문에 유혹을 받고서 금방 파멸로 가는 넓은 길에 들어선다. 인생의 초기에 약간의 결단력만 있어도 남의 일에 쓸데없이 참견하려는 권리를 물리칠 수 있었다.

전설에 따르면 어리석은 사람과 현명한 사람이 함께 가던 중에 두 개의 길, 즉 하나는 넓고 아름다우며, 다른 하나는 좁고 험난한 길에 이르렀다고 한다. 어리석은 사람은 편한 길로 가고 싶었다. 그러나 현명한 사람은 어려운 길이 가장 짧고 안전하다는 것을 알았기에, 그 진실을 설명하였다. 그러나 어리석은 자의 다급함이 우세하여 그들은 더 매력적인 길을 택했고, 곧 강도를 만나 물건을 빼앗기고 포로로 잡혔다. 잠시 후 강도들과 포로들은 모두 법 집행관에게 체포되어 재판관 앞으로 끌려갔다. 그러자 현명한 사람은 어리석은 사람이 잘못된 길을 택했기 때문에 그에게 책임이 있다고 항변했다. 어리석은 사람은 자신은 어리석은 사람일 뿐이며, 현명한 사람이라면 그의 말에 주의해야 했다고 항변했다. 재판관은 두 사람에게 똑같이 벌을 내렸다. "악인들이 너를 꾈지라도 따라가지 마라."

결정하지 못하는 것만큼 영혼을 괴롭히는 습관은 없다. 그는 자신이 무슨 짓을 했는지 깨닫기도 전에 목숨을 걸고 도박을 한 셈인데, 이 모든 것이 그가 무엇을 할지 결정하지 않았기 때문이다. 인생에서 실패한 사람들의 묘비에서 행간에 숨은 의미를 읽을 수 있다. "게으름을 피웠다", "지각했다", "미루었다", "무기력했다", "꿈이 없었다", "신경질적이었다", "항상 뒤처졌다." 아, 인생의 해안을 따라 흩어져 있는 난파선들 위로 "성공의 바로 뒤쪽", "행복의 바로 이쪽"이라는 경고의 말들이 날고 있다!

웹스터는 결정하지 못하는 사람에 대해 "그는 조수간만의 차가 큰 바다와 같다. 이 사람은 전진하지도 후퇴하지도 않고 그저 맴돌고 있다"라고 말했다. 그런 사람은 언제 닥칠지 모르는 우연한 사건에 휘둘릴 수밖에 없다. 그는 "잃어버린 날들을 한탄하며 하루하루를 보낸다." 그는 직면한 사실들을 붙잡아 자신에게 봉사하도록 강요할 힘이 없다.

나태하고 변화무쌍하며 무기력한 사람에게 삶은 그저 편법을 뒤섞어 놓은 것에 불과하다. 그들은 미루는 습관이 자신의 남자다움, 능력, 성공을 미루고, 그 전염성이 이웃까지 감염시킨다는 사실을 깨닫지 못한다. 스콧은 젊은이들에게 비어 있는 시간마다 들어와 종종 밝은 삶을 망치는 게으름의 습관에 대해 경고하곤 했다. 그는 "당신의 좌우명은 'Hoc age', 즉 '즉시 실행하라'가 되어야 한다"라고 말했다. 이것은 꾸물거리는 성향을 제어할 수 있는 유일한 방법이다. 침대에 멍하니 누워 뒤척이다가 일어나기를 두려워하며 얼마나 많은 시간을 낭비했던가? 이 때문에 많은 경력이 망가졌다. 버튼(Burton)은 이 습관을 극복할 수 없었고, 그것이 자신의 성공을 망칠 것이라고 확신해, 잠자리에 들기 전에 하인에게 그럴 때 자신을 일어나게 하라고 주의를 주었다. 하인은 부르고, 또 부르고, 사정했지만, 버튼은 조금만 더 내버려두라고 했다. 하인은 그를 깨우지 않으면 일자리를 잃을 것을 알고서 침대 이불에 찬물을 뿌렸고 버튼은 단번에 일어났다. 게으른 그 젊은 친구에게 왜 그렇게 오래 침대에 누워 있느냐고 물었을 때, 그는 "매일 아침 변론을 듣는 일에 집중하기 때문이죠"라고 말했다. "근면은 저에게 일어나라고 조언하고, 나태는 저에게 그대로 누워 있으라고 합니다. 그들은 저에게 20가지의 찬성과 반대 이유를 제시합니다. 공정한 판사로서 양측의 주장을 모두 듣고 저녁 식사가 끝날 때쯤 결론을 내리는 것이 제 역할입니다."

일반적으로 훌륭한 결정을 내리는 성격의 소유자에게 훌륭한 신체적 견고함이 동반한다는 것은 의심의 여지가 없다. 훌륭한 성격으로 주목받은 사람들은 대개 강하고 견고했다. 신체적 약점에 동조하는 마음의 성질은 없다. 특히 신체적 고통이나 큰 신체적 쇠약으로 인해 손상되거나 약해지기 마련인 결정의 힘에 마음이 동조할 리는 만무하다. 일반적으로 무게감 있고 신념이 있는 사람은 신체가 강한 사람이다. 신체적 약점이나 무기력, 기운과 활력 부족은 아마도 의사 결정의 힘이 약해졌을 때 가장 먼저 느껴질 것이다.

신속함의 평판보다 더 큰 확신을 주고 은행이나 친구로부터 더 빨리 도움을 받을 수 있는 길은 없다. 세상은 신속한 사람의 청구서와 지폐가 당일에 지불될 것을 알기에 그를 신뢰할 것이다. "여러분 안에 나무와 짚이 아닌 철이 있다는 것을 세상이 알게 하는 것이 여러분의 첫 번째 공부가 되게 하라." "당신이 하겠다고 말한 것, 당신이 내린 결정은 최종이며 흔들리지 않는다는 것, 일단 결심하면 유혹이나 협박이 통하지 않는다는 것을 사람들이 알게 하라."

어떤 사람은 책임이 주어질 때마다 당황하고 어리둥절해하며 결정을 내리는 것에 치명적인 두려움을 갖는다. 즉각적이고 단호한 결정을 내리려는 노력 자체가 온갖 의심과 어려움, 두려움을 불러일으키기 때문에, 그들은 결정을 내릴 만큼 마음이 가벼워지거나 장애물을 제거할 만큼 용기가 나지 않는 것 같다. 그들은 망설임이 사업과 발전과 성공에 치명적이라는 것을 알고 있다. 하지만 그들은 항상 자신을 긴장 상태로 유지하는 병적인 자기 성찰과 운명적으로 연결된 듯하다. 동기를 저울질할 정도의 에너지만 있을 뿐, 행동의 추진을 위한 에너지는 없다. 그들은 분석하고, 숙고하고, 무게를 재고, 고려하지만, 절대 행동하지 않는다. 유리한 때에 기회를 잡지 못한 것을 인생이 나락으로 떨어진 이유로 들 수 있는 사람이 얼마나 많은지! 종종 한 번밖에 모습을 드러내지 않는 시간의 틈새에서 수월하게 잡을 수 있는데도!

나폴레옹의 수하에는 나폴레옹보다 전술을 더 잘 아는 장교가 있었지만, 그는 세계 최고 군사 지도자의 특징인 빠른 결정과 강한 집중력이 부족했다고 한다. 그랜트 휘하에는 전술에 능하고 국가에 대해 잘 아는 교육 수준이 높은 장군들이 여러 명 있었지만, 그들은 적을 만나면 무조건 항복을 하고 마는 결단력이 부족한 장군들이었다. 그랜트의 결정은 거부할 수 없는 운명과도 같았다. 되돌릴 수도, 재고할 여지도 없었다. "여름 내내 이 전선에서 싸울 것을 제안한다"라는 광야의 명언을 남기고, 항복 조건을 요구한 버크너 장군에게 "조건 없는 항복"이라는 말을 되돌려 보낸 그의 결정은 북부에 남부의 반란이 끝날 것이라는 확신을 처음으로 심어 주었다. 마침내 링컨은 결단력 있는 장군을 얻었고,

북부는 처음으로 한숨을 돌리게 되었다.

　이 경쟁의 시대에 전면에 나설 사람은 신속하고 결단력이 있어야 한다. 카이사르처럼 배를 불태워 후퇴를 영원히 불가능하게 만들어야 한다. 검을 뽑을 때 칼집을 버려야 하며, 낙담하고 결심하지 못하는 순간에 칼을 감추고 싶은 유혹에 빠지지 않아야 한다. 그는 넬슨이 전투에서 그랬던 것처럼 깃발을 돛대에 못 박아야 하며, 정복할 수 없다면 배와 함께 가라앉기로 결심해야 한다.* 신속한 결단력과 웅대한 대담성은 많은 성공한 사람을 생각하는 것에만 머물렀다면 파멸시켰을 위기에서 구해냈다.

　"호크 에이지(Hoc age)!"

---

* 해전에서 배의 깃발이 보이지 않으면 더 이상 싸울 의사가 없다는 것으로 인식하던 관습에서 유래했다. 즉, 돛대에 못으로 깃발을 박아, 침몰할지언정 깃발이 보이지 않아 항복한다는 의사를 적에게 보이지 않겠다는 결의를 상징한다.

21장

성공 요소로서의 관찰

헨리 워드 비처는 체계적인 공부와 책에 대한 해박한 지식 없이도 성공할 수 있다고 생각할 만큼 어리석지 않았다. "처음 브루클린에 갔을 때 사람들은 내가 버틸 수 있을지 의심했다. 나는 '매일 아침 9시까지만 시간을 주면 그 이후는 상관없다'라고 대답했다."

그는 매일 아침 4시간 동안 열심히 공부했고, 그 후 그를 본 사람들은 그가 설교를 길거리에서 줍고 있다고 상상했다.

그렇게 말이 많았지만, 그의 설교에서 가장 중요한 것은 길거리에서 주어 온 것이 사실이다.

"비처 씨는 설교를 어디서 얻습니까?" 이 나라의 모든 야심 찬 젊은 성직자들이 물었고, 한번은 그가 대답했다. "저는 늘 주의 깊게 보면서 질문합니다."

늘 주의 깊게 보면서 질문하는 것, 이것이 바로 성공한 많은 사람의 비결이다. 비처는 잡식성 독서광이었지만 신학자들의 글에는 별로 관심이 없었다. 그리스도가 그의 위대한 모델이었다. 그분은 설교를 위해 산헤드린의 문헌을 찾지 않으셨고, 요단강둑을 따라 언덕을 넘고 갈릴리의 초원과 마을을 걸으면서 설교 말씀을 주워 오셨다. 그는 이 위대한 스승의 설교의 힘이 지극히 단순하고 자연스러운 면에 있다는 것을 알았다.

비처의 설교는 매우 단순하고 건강하며 강력했다. 그 설교는 생명력이 넘쳤고, 그 안에 밝은 핏빛 활력이 넘쳤다. 그리스도의 설교처럼 그의 설교도 문밖에서 자라난 것이었다. 그는 삶과 자연 어디서나 그것을 얻었다. 그는 시장, 월스트리트, 상점에서 그것을 주웠다. 그는 브레이크맨, 정비공, 대장장이, 일용직 노동자, 신문 배달부, 기차 차장, 서기, 변호사, 의사, 사업가에게서 그것을 얻었다.

그는 서재에서 인간의 위대한 전투 상황을 지켜보지 않았다. 그는 직접 전투의 한가운데로 뛰어들었다. 그는 연기와 소음 속에 있었다. 삶의 전투가 가장 치열하게 벌어지는 곳에서, 그는 그곳의 문제들을 연구하고 있었다. 노예제 문제, 정부 문제, 상업 문제, 교육 문제 등 인간의 삶에 영향을 미치는 모든 문제를 연구했다. 그는 사건의 맥박을 놓치지 않았다. 그는 사물의 흐름 속에 있었다. 위대하고 바쁘고 야심 찬 세상은 어디서나 그를 위해 꿈틀거리고 있었다.

헨리 워드 비처*

실제 삶의 이야기가 성경을 제외한 그 어떤 책에서 얻을 수 있는 이야기보다 더 힘이 있고 흥미로운 것을 알게 되었을 때, 실제 삶을 연구하는 데서 오는 힘과 도움을 맛보았을 때, 그는 매일 만나는 사람들의 삶에서 나오는 생생한 예시 없이는 다시는 만족할 수 없었다.

비처는 설교를 통해 청중이 자신을 좀 더 발전시키고, 자신의 일을 좀 더 잘하고, 좀 더 양심적이고, 좀 더 도움이 되고, 세상에서 자신의 몫

---

* Henry Ward Beecher(1813~1887): 미국의 목사

을 하겠다는 새로운 결심을 하기를 원했다. 그렇게 되지 않으면 그 설교는 실패한 것이라고 믿었다.

이 위대한 관찰자는 인간의 본성뿐만 아니라 자연에 대한 학생이기도 했다. 나는 그가 그토록 좋아하고 많은 여름을 보냈던 웅대한 화이트 마운틴에서 경이로운 풍경의 아름다움에 몰입하는 모습을 여러 번 보았다.

그는 항상 일요일에 그가 머물렀던 호텔에서 설교를 했고, 그의 설교를 듣기 위해 사방에서 군중이 몰려들었다. 그의 설교에는 듣는 사람의 마음을 사로잡는 무언가가 있었다. 아름다운 산과 바다의 풍경, 매혹적인 석양의 그림이 가득했다. 구름, 비, 햇살, 폭풍우도 그 안에 있었다. 꽃, 들판, 시냇물, 바위와 산에 새겨진 창조의 기록이 나룻배, 증기 기관차, 고아, 재난, 사고, 온갖 종류의 경험, 삶의 단편과 섞였다. 행복과 햇살, 새와 나무가 빈민가의 지독한 가난, 병상과 임종의 침대, 병원과 장례 행렬, 성공과 실패, 낙담한 사람, 낙천적인 사람, 쾌활한 사람, 낙관주의자, 비관주의자의 인생 사진과 번갈아 나오며 그의 열렬한 청중의 뇌리에 각인되었다.

비처는 어디를 가든 관찰을 통해 인생에 대한 연구를 계속했다. 그것보다 더 흥미로운 것은 없었다. 그에게 인간은 세상에서 가장 위대한 학문이었다. 사람들에게 올바른 가치관을 심어주고, 그들에게 옳은 것을 강조하고, 진짜와 가짜를 구별할 수 있고, 가면을 뚫고 그 뒤에 있는 진짜 남자나 여자를 읽을 수 있는 것이 성직자의 가장 큰 업적의 하나라고 생각했다.

물고기의 비늘이나 모래알에서도 경이로움을 볼 수 있었던 애거시 교수처럼, 비처는 현미경의 유리처럼 평범한 것에서도 경이로운 아름다움을 발견하는 눈을 가졌다. 그는 사물에 숨겨진 의미를 읽었기 때문에 다른 사람이 추함과 불화만 보는 곳에서 아름다움과 조화를 볼 수 있었다. 러스킨처럼 그는 가장 하찮은 사물에서 놀라운 철학, 즉 신의 계획을 볼 수 있었다. 그는 모든 피조물에서 신의 현존을 느낄 수 있었다.

허버트 스펜서는 "철저한 관찰은 모든 위대한 성공의 요소"라고 말한다. 훈련된 눈이 큰 성공 자산이 될 수 없는 인생의 자리는 없다.

"오슬러에게 맡깁시다." 소중한 생명이 위태롭게 매달려 있는 진료실에서 의사들이 말했다. 그런 뒤 그 위대한 존스 홉킨스 병원의 교수가 환자를 검사했다. 그는 질문하지 않았다. 그의 숙련된 눈은 사소한 증거에서 결론을 도출했다. 그는 환자를 면밀히 관찰했다. 호흡 방식, 눈빛 등 모든 것이 환자의 상태를 알려주었고, 그는 이것들을 책처럼 펼쳐 읽었다. 그는 다른 사람이 볼 수 없는 증상을 보았다. 그는 특정 수술을 권했고, 환자는 수술을 받고 회복했다. 참석자 대부분은 그의 의견에 동의하지 않았지만, 대부분 의사가 보지 못하는 증상과 징후를 통해 병을 진단하는 그의 능력에 대한 신뢰가 있었기 때문에 모든 결정을 그에게 맡겼다. 오슬러 교수는 살아있는 엑스레이 기계라고 불릴 정도로 해부학에 익숙했다. 그는 손가락 끝에 눈을 추가한 듯 보통의 눈으로는 알아차리지 못할 정도의 작은 성장이나 전위도 감지할 수 있었다.

숙련된 관찰 능력에 내재된 힘은 값을 매길 수 없다. 눈과 귀, 마음을 열어두고 관찰을 통해 얻은 교육은 비처에게 대학 교육보다 더 큰 의미가 있었다. 그는 위대한 학자는 아니었고, 대학 다닐 때는 동기들보다 더 높은 자리에 오르지 못했지만, 인생에서는 그들을 훨씬 앞섰다. 그의 마음은 사물의 핵심을 꿰뚫었다.

링컨은 자신이 관찰한 것에 대한 성찰을 통해 교육의 가능성을 보여 준 또 다른 놀라운 예이다. 그의 마음은 멈춰 서서 질문을 던지고 그 범위 안에 들어오는 모든 것의 의미를 추출했다. 어디를 가든 그의 앞에는 위대한 질문의 지점이 있었다. 그가 본 모든 것은 반드시 그 비밀을 밝혀야만 놓아줄 수 있었다. 그는 지식에 대한 열정이 있었으며, 사물의 의미와 일상 사건의 근간이 되는 철학을 알고 싶어 했다.

러스킨은 "생각할 줄 아는 사람 한 명이 말하는 사람 수백 명과 같으며, 볼 수 있는 사람 한 명이 생각하는 사람 수천 명과 동일하다"라고 말했다.

나는 두 명의 청년과 함께 해외여행을 간 적이 있는데, 그중 한 명은 모든 것이 눈에 들어왔지만 다른 한 명은 아무것도 보지 못한 듯했다. 한 사람은 도시를 떠난 다음 날 흥미로운 것을 거의 기억하지 못하는 반면, 다른 한 사람은 눈을 통해 모든 종류의 지식을 흡수하는 천재적 능력을 가지고 있었다. 사소한 것들은 동행자가 전혀 눈치채지 못할 정도로 그에게 큰 의미가 있었다. 그는 가난한 학생이었지만 바다 건너에서 보물을 풍부하게 가지고 집으로 돌아왔다. 다른 청년은 비교적 부유한 편이었지만 집에 가져온 것이 거의 없었다.

최근 마법사 같은 원예가인 루터 버뱅크의 유명한 정원을 방문했을 때 나는 그의 사물을 보는 놀라운 능력에 깊은 인상을 받았다. 그는 과일과 꽃의 습성을 관찰하여 화초 재배 및 원예 분야에서 기적을 일으켰다. 기적을 만드는 이 일꾼의 눈을 통해 기형적이고 못생긴 꽃과 과일이 아름다움의 경이로움으로 바뀌었다.

조지 W. 코텔류는 얼마 전까지만 해도 속기사였다. 많은 사람이 그가 속기사로 남을 거라고 생각했지만 그는 항상 눈을 뜨고 있었다. 그는 기회를 노리고 있었다. 승진은 항상 그의 눈앞에 있었다. 그는 자신의 다음 단계를 찾고 있었다. 그는 예리한 관찰자였다. 하지만 사물을 빠르게 파악하고 지식을 흡수하는 능력이 없었다면 그는 결코 발전하지 못했을 것이다.

앞으로 나아갈 젊은이는 눈을 뜨고 귀를 열고 마음을 열어야 한다. 그는 빠르고 지켜보고 준비되어 있어야 한다.

내가 아는 한 젊은 튀르키예인은 이 나라에 온 지 1년밖에 안 됐지만 영어를 유창하게 구사한다. 그는 미국 지도를 공부했다. 그는 지리와 미국 역사, 그리고 미국의 자원과 기회에 대해 많은 것을 알고 있다. 그는 뉴욕에 도착했을 때 거리의 모든 블록을 걸으면서 튀르키예 전체에서 본 것보다 더 많은 기회를 본 것 같았다고 말했다. 그는 무기력함, 야망 부족, 미국의 놀라운 가능성에 대한 젊은이들의 무관심을 이해할 수 없었다.

효율적인 사람은 항상 성장한다. 그는 항상 모든 종류의 지식을 축적한다. 그는 단순히 눈으로만 보지 않는다. 그는 눈과 함께 본다. 귀를 연다. 새롭고 신선하며 도움이 되는 모든 것에 마음을 연다.

대부분 사람은 사물을 보는 것이 아니라 그저 바라보기만 한다. 예리한 관찰의 힘은 뛰어난 정신을 나타낸다. 실제로 보는 것은 시신경이 아니라 마음이기 때문이다.

대부분 사람은 정신적으로 게으르기 때문에 사물을 주의 깊게 보지 못한다. 면밀한 관찰은 강한 정신의 과정이다. 마음은 항상 눈이 가져다주는 사물을 검토하고, 의견을 형성하고, 추정하고, 무게를 재고, 균형을 맞추고, 계산하는 작업을 한다.

부주의하고 무관심한 관찰은 눈의 뒤쪽까지 가지 않는다. 정신을 집중하지 않으면 이미지가 선명하지 않고, 뇌가 진실을 파악하고 정확한 결론을 내릴 수 있을 만큼 강력하고 뚜렷하게 들어오지 않는다.

관찰은 특히 문화에 민감하며, 강력한 힘이 될 수 있다. 눈이라는 매체로 성공과 행복을 얼마나 크게 얻을 수 있는지 깨닫는 사람은 거의 없다.

전신, 재봉틀, 전화기, 망원경, 전기의 기적 등, 사실 과거와 현재의 모든 위대한 발명품, 현대 노동력 절감 기계의 모든 승리, 과학과 예술의 모든 발견은 사물을 보는 훈련된 힘 덕분이다.

마음에 풍부하게 저장된 모든 비밀은 기민함, 예리함, 강한 주의력, 사려 깊음이다. 무관심, 냉담함, 정신적 무기력, 게으름은 모든 효과적 관찰에 치명적이다.

사물의 핵심을 파악하는 관찰 습관을 기르는 데는 시간이 오래 걸리지 않는다.

주어진 시간에 얼마나 많은 것을 볼 수 있는지, 얼마나 자세히 관찰할 수 있는지 알아내기 위해 아이들을 길거리나 문밖으로 보내는 것은 아이들을 위한 훌륭한 훈련이다. 아이들이 얼마나 많은 것을 기억하고 가져올 수 있는지 알게 하는 것만으로도 훌륭한 훈련이 된다. 아이들은 종종 이 운동을 열정적으로 좋아하며, 그것은 그들의 삶에서 헤아릴 수 없는 가치가 된다.

다른 모든 것이 동등하다면, 앞서가는 것은 예리한 관찰자이다. 독수리의 눈을 가지고 사업장에 들어가라. 아무것도 놓치지 마라. 18살이나 20살 소년이 더 잘할 수 있는 일을 50살이나 60살의 사장이 하고 있는 이유가 무엇인지 자문해 보라. 그의 직원들을 연구하고 상황을 분석하라. 아마도 사장은 직원에게 예의범절이 얼마나 큰 가치가 있는지 전혀 알지 못했을 것이다. 그는 소년이 정직하다면 좋은 세일즈맨이 될 것으로 생각했겠지만, 아마도 거칠고 무례한 매너로 인해 주인이 광고를 통해 유치하려는 고객을 문밖으로 몰아내고 있었을 것이다. 매장에 들어가기 전에 그의 쇼윈도를 보면 비즈니스에 대한 통찰력이나 잠재 고객의 욕구를 감지하지 못한다는 것을 알 수 있다. 눈을 뜨고 있으면 잠시 후 이 사람이 더 큰 성공을 거두지 못하는 이유를 알 수 있다. 인간 본성에 대한 지식이 조금만 더 있었다면 그의 사업 전체에 혁명을 일으켜 몇 년 안에 영수증을 10배로 늘렸을 것이다. 이 사람은 사람을 연구하지 않았다는 것을 알 수 있다. 그는 사람을 모른다.

어디를 가든 상황을 연구하라. 그 사람이 잘하지 못하면 왜 잘하지 못하는지, 왜 평범함에 머물러 있는지 생각하라. 그가 놀라운 성공을 거두고 있다면 그 이유를 찾아보라. 눈을 뜨고 귀를 열라. 보고 듣는 것에서 추론하라. 어려움을 추적하고, 모든 곳에서 성공 또는 실패의 증거를 찾으라. 그것이 당신의 성공에 가장 큰 요인 중 하나가 될 것이다.

22장

가치의 상승

"운명은 당신 주위가 아니라 당신 안에 있다.
당신이 당신을 만들어야 한다."

에머슨은 "세상은 진흙이 아니라 작업자의 손에 있는 쇠"이며 "인간은 꾸준하고 거친 타격으로 자신의 자리를 만들어야 한다"라고 말했다.

천이든, 철이든, 인성이든, 자신이 가진 "물건"을 최대한 활용하는 것이 바로 성공이다. 흔한 "물건"을 귀중한 가치가 있는 것으로 끌어올리는 것이 큰 성공이다.

어떤 대장장이가 거친 연철 막대를 가지고 왔다. 그 대장장이는 기술을 부분적으로만 배웠고 모루를 뛰어넘겠다는 야망이 없었다. 그는 자신이 가진 철로 할 수 있는 최선의 일은 말굽을 만드는 것이라고 생각해 자신의 성공을 축하했다. 그는 거친 철 덩어리의 가치가 파운드당 2센트나 3센트에 불과하기 때문에 많은 시간이나 노동을 들일 가치가 없다고 생각했다. 그의 거대한 근육과 작은 기술이 1달러에 불과하던 철의 가치를 10달러로 끌어올렸다.

조금 더 나은 교육, 조금 더 큰 야망, 조금 더 섬세한 지각을 가진 칼 장수가 대장장이에게 말한다. "그 철에서 볼 수 있는 게 이게 전부입니까? 철근 하나를 주시면 두뇌와 기술, 노력으로 어떤 것을 만들 수 있는지 보여 드리겠습니다." 그는 거친 철근을 조금 더 자세히 들여다본다. 그는 철을 녹이고 탄화시켜 강철로 만들고, 뽑아내고, 단조하고, 단련하고, 뜨겁게 가열하고, 찬물이나 기름에 담가 성질을 개선하고, 세심한 주의와 인내로 갈고 닦는 과정을 거친다. 이 작업이 끝나자 그는 10달러짜리의 조잡한 말굽만 보았던 대장장이에게 2,000달러 상당의 칼날을 보여주었다. 정련 과정을 통해 가치가 크게 높아진 것이다.

"당신이 이보다 더 좋은 것을 만들 수 없다 할지라도 칼날은 모두 훌륭하다"라며 자기 기술의 승리를 보여주는 칼 장수에게 어떤 장인이 말한다. "하지만 당신은 그 철근 안에 있는 것의 절반도 꺼내지 못했다. 나는 철에 대한 연구를 통해 철에 무엇이 있고 무엇을 만들 수 있는지 알고 있다"라고 말한다.

이 장인은 더 섬세한 촉감, 더 정교한 지각, 더 나은 훈련, 더 높은 이상, 더 뛰어난 결단력을 가지고 있어 말굽을 지나고 칼날을 지나 거친 철근의 분자를 더 깊이 들여다볼 수 있으며, 현미경을 통한 정밀한 눈으로 조잡한 철을 정교한 수술용 바늘로 만들어낸다. 눈으로 볼 수 없는 바늘 끝을 만들기 위해서는 칼 장수에게 있는 것보다 더 높은 수준의 기술이 필요하다.

마지막 장인은 이 위업을 경이롭게 여기고 철의 가능성을 완전히 활용했다고 생각한다. 그는 칼 장수의 제품 가치를 몇 배로 늘렸다.

그러나 보라! 더 정교하게 조직된 마음, 더 섬세한 손길, 더 많은 인내심, 더 많은 노력, 더 높은 수준의 기술 및 더 나은 훈련을 받은 또 다른 매우 숙련된 기술자가 말굽, 칼날, 바늘을 쉽게 지나 시계용 고급 메인 스프링을 내놓는다. 다른 이들이 몇천 달러에 불과한 말굽, 칼날, 바늘을 보았을 때, 그의 예리한 눈은 10만 달러의 가치를 지닌 제품을 보았다.

하지만 더 높은 기술을 가진 장인이 나타나 거친 막대가 아직 최고의 표현을 찾지 못했다고 하며 철로 더 큰 기적을 일으킬 수 있다고 말한다. 그에게는 메인 스프링조차도 거칠고 서투른 것으로 보인다. 그는 거친 철을 조작하면 야금에 대한 훈련이 부족한 사람이라면 상상조차 할 수 없는 탄성을 만들어낼 수 있다는 것을 알고 있다. 그는 강철을 단련하는 데 주의를 충분히 기울이면 뻣뻣하고 움푹 팬 수동적 금속이 아니라 새로운 특성으로 가득해 거의 본능으로 보일 정도로 생명력이 넘치는 금속으로 탈바꿈할 수 있다는 것을 알고 있다.

이 예술가이자 장인은 투시력에 가까운 예지력으로 메인 스프링 제작의 모든 공정이 어떻게 더 발전할 수 있는지, 모든 제조 단계에서 어떻게 더 완벽해질 수 있는지, 금속의 질감이 어떻게 더 정교해져 가느다란 실 한 가닥으로도 놀라운 작업을 할 수 있는지 살핀다. 그는 수많은 정제 과정과 미세한 조질 과정을 거쳐 마침내 거의 보이지 않는 섬세한 헤어 스프링 코일로 제품을 완성한다. 무한한 노력과 고통 끝에 그는 꿈을 이루었고, 몇 달러에 불과한 철을 같은 무게의 금보다 40배나 비싼 100만 달러의 가치로 끌어올렸다.

또 다른 장인은 공정이 거의 무한히 섬세해 백과사전 제작자조차도 그의 작업을 다루지 않아 평균적인 교육을 받은 사람은 거의 알지 못할 정도이다. 그는 철근 한 조각만을 가지고 놀라운 정확성과 미묘한 촉감으로 더 높은 가능성을 개발해 메인 스프링과 헤어 코일조차 거칠고 투박하고 값싼 것으로 여겨지게 한다. 그는 작업을 끝내고 치과의사가 치아 신경의 미세한 가지를 뽑아내는 데 사용하는 미세한 가시 도구 몇 가지를 보여준다. 대략 금 1파운드의 가치는 250달러이지만, 이 가늘고 뾰족한 강철 필라멘트는 1파운드를 모은다면 수백 배의 가치가 있을 것이다.

다른 전문가들이 여전히 제품을 더 개선할 수 있지만, 최고의 전문가들이 입자가 공중에 떠다닐 정도까지 세분할 수 있는 금속의 가능성을 모두 활용하기까지는 시간이 오래 걸릴 것이다.

마법처럼 들리지만, 그 마법은 가장 소박한 미덕, 즉 눈과 손, 지각의 훈련, 정성스러운 관리, 노력, 결단력과 근성을 통해 만들어질 뿐이다.

몇 가지 거친 물질적 특성만을 가진 금속이 그 분자와 두뇌를 혼합함으로써 그토록 놀라운 가치 상승을 이룰 수 있다면, 육체적, 정신적, 도덕적, 영적 힘의 놀라운 화합물인 인간의 발전 가능성에 누가 한계를 둘 수 있을까? 철의 발전에는 수십 가지 과정이 가능하지만, 정신과 인격의 발달에는 수천 가지가 영향을 미칠 수 있다. 철은 외부의 영향에 의해서만 작용하는 불활성 덩어리이지만, 인간은 작용하고 반작용하는 힘의 묶음이며, 그 힘은 더 높은 자아, 즉 실제적이고 지배적인 인격에 의해 통제되고 지시될 수 있다.

인간 성취의 차이에서 원재료의 차이는 미약하다. 우리가 추구하고 펼치는 이상, 노력, 교육, 경험의 과정이 우리 인생의 철근을 융합하고 망치질하고 성형하여 궁극적인 발전을 이룬다.

삶에는 철이 겪는 모든 고문에 상응하는 것이 있으며, 이를 통해 가장 높은 표현에 도달한다. 반대의 타격, 궁핍과 비애 속에서의 투쟁, 재난과 사별의 불같은 시련, 혹독한 상황의 짓밟힘, 염려와 불안, 끊임없는 어려움의 갈기, 열정을 식히는 거절, 교육과 규율의 건조하고 지루한 세월의 피곤함, 이 모든 것이 최고의 성공에 도달하려는 사람에게 필요한 것들이다.

이러한 처리를 통해 철은 강화되고, 정제되고, 더 탄력 있고, 더 저항력 있으며, 각 장인이 꿈꾸는 용도에 맞게 조정된다. 모든 타격이 철을 부러뜨리고, 모든 용광로가 철의 생명을 태우고, 모든 롤러가 철을 분쇄한다면, 철이 무슨 소용이 있을까? 철에는 모든 것을 견디는 미덕, 모든 시험에서 유익을 얻어 결국에는 승리하는 자질이 있다. 철의 자질은 주로 타고난 것이다. 하지만 우리의 자질은 대부분 성장, 문화, 발전의 문제이며, 모두 지배적 의지에 종속된다.

각 장인이 조잡한 철에서 완성되고 정제된 제품을 보는 것처럼, 깨달을 수 있다면 우리도 삶에서 영광스러운 가능성을 볼 수 있어야 한다. 말굽이나 칼날만 본다면 우리의 모든 노력과 투쟁은 결코 헤어 스프링을 만들지 못할 것이다. 우리는 위대한 목적에 대한 우리의 적응력을 깨달아야 한다. 우리는 투쟁하고, 시련과 시험을 견디고, 필요한 대가를 치르기로 결심하고, 그 결과가 우리의 고통과 시련과 노력에 보답할 것이라는 확신을 가져야 한다.

단조, 압연, 흡출의 과정을 꺼리는 사람은 실패한 사람, "아무것도 아닌 사람", 결함이 있는 사람이다. 철근이 비바람에 노출되면 산화되어 쓸모없어지듯이, 인격도 형태를 개선하고, 연성(延性)을 높이고, 담금질하고, 어떤 식으로든 개선하려는 노력을 계속하지 않는다면 약해질 것이다.

그저 평범한 쇠막대기로 머물거나 말굽에 불과한 존재로 남는 것은 쉽지만, 삶의 산물이라고 할 수 있는 인격을 더 높은 가치로 끌어올리는 일은 어렵다.

우리 중 많은 사람이 자신의 타고난 재능인 철근을 다른 사람의 철근에 비해 형편없고 비열하며 부적절하다고 여기지만, 인내와 수고, 연구와 투쟁, 망치질과 뽑아내기, 다듬기를 통해 서투른 말굽에서 섬세한 머리핀으로 작업하고 향상하려는 의지가 있다면, 우리는 무한한 인내와 끈기로 원재료의 가치를 거의 엄청난 수준으로 끌어올릴 수 있다. 직공 콜럼버스, 순회 인쇄공 프랭클린, 노예 이솝, 거지 호메로스, 칼 장수의 아들 데모스테네스, 벽돌공 벤 존슨, 평범한 군인 세르반테스, 가난한 수레바퀴공의 아들 하이든이 다른 사람보다 머리와 어깨를 더 우뚝 세울 때까지 능력을 계발할 수 있었던 것은 바로 이 때문이었다.

태어날 때 100명의 평범한 소년 소녀에게 주어지는 물질은 거의 차이가 없다. 그렇지만 다른 사람보다 더 나은 개선 수단이 없는, 어쩌면 훨씬 열악한 수단을 가지고 있는 어떤 사람은 자신의 물질 가치를 100배, 500배, 아니 천 배로 끌어올릴 것이다. 반면, 나머지 99명은 왜 자신의 물질이 그렇게 조잡하고 거칠게 남아 있는지 궁금해하며 자신의 실패를 불운 탓으로 돌릴 것이다.

한 소년은 기회를 얻지 못한 것을 후회하며 대학 교육을 받을 수단이 없어 무지에 머물러 있는 반면, 절반의 기회를 가진 다른 소년은 다른 소년들이 버리는 자투리 시간 속에서 좋은 교육을 받는다. 같은 재료로

한 사람은 궁전을 짓고 다른 사람은 오두막집을 짓는다. 같은 거친 대리석 조각으로 한 사람은 보는 사람을 즐겁게 하는 아름다운 천사를, 다른 사람은 보는 사람의 사기를 떨어뜨리는 끔찍한 괴물을 만들어낸다.

인생이라는 철근의 가치를 얼마나 높일 수 있는지는 전적으로 자신에게 달려 있다. 당신이 메인 스프링 또는 헤어 코일 수준으로 올라갈지는 당신의 이상, 더 높은 것이 되겠다는 결심, 적절한 성질을 얻기 위해 망치로 두들겨 맞고, 뽑히고, 불에서 찬물이나 기름에 던져질 수 있는 투지가 있는가에 달려 있다.

물론 힘들고 고통스럽고, 최고의 제품으로 만들어지는 과정에서 체력이 많이 소모되겠지만, 그렇다고 평생 거친 쇠막대나 말굽으로 남고 싶은가?

23장

하나의 생각에 붙잡힌 사람

자신의 사명을 완수하고자 하는 사람은 반드시 한 가지 생각, 즉 모든 목표를 지배하고 그의 전 생애를 인도하고 통제하는 하나의 위대한 목적을 가진 사람이어야 한다. • 베이트

위대한 생각에 대한 건강한 굶주림은 인생의 아름다움이자 축복이다.
• 장 잉겔로

심오한 신념은 사람을 조롱의 감정에서 벗어나게 한다. • J. 스튜어트 밀

사상은 대포보다 더 크게 세상을 울린다. 생각은 군대보다 강하다. 원칙은 기병이나 전차보다 더 많은 승리를 거두었다. • W. M. 팍스턴

보스턴의 악기 제조업자인 아리 데이비스는 "왜 뜨개질 기계로 힘들어하죠? 차라리 재봉틀을 만들지 그래요?"라고 물었다. 모직물을 뜨개

질하는 장치를 만들려다 실패한 한 부자와 발명가가 그에게 조언을 구했다. "나도 그러고 싶지만 불가능하다." 데이비스는 "아니, 할 수 있어요. 내가 직접 만들 수 있어요"라고 말했다. 부자는 "그렇게 하면 당신에게 독립적인 재산을 보장하겠다"라고 대답했다. 데이비스는 농담으로 던진 말이었다. 하지만 옆에 있던, 진지한 생각을 할 수 없을 것으로 보이던 21살의 한 젊은 직원의 머릿속에는 참신한 아이디어가 떠올랐다.

엘리아스 하우는 겉으로 보이는 것만큼 경솔한 사람이 아니었고, 더 많이 생각할수록 그런 기계가 바람직하게 보였다. 이 쾌활한 성격의 소년은 4년이 흐른 후 대도시에서 주당 9달러의 월급으로 아내와 세 자녀를 부양하는 사려 깊고 부지런한 남자가 되었다. 재봉틀에 대한 생각은 그를 밤낮으로 괴롭혔고, 마침내 그는 재봉틀을 만들기로 결심했다.

양쪽 끝이 뾰족하고 가운데에 눈이 있는 바늘이 천을 위아래로 통과해야 한다는 생각에 몇 달을 허비한 후, 갑자기 또 다른 바느질이 가능해야 한다는 생각이 스쳐 지나갔고, 거의 미친 듯이 밤낮으로 노력한 끝에 나무와 철사로 만든 대략적인 모형이 만들어져 궁극적인 성공을 확신할 수 있게 되었다. 머릿속으로는 아이디어가 떠올랐지만, 자기에게 있는 돈과 그를 어느 정도 도와준 아버지의 돈으로는 이를 실제 기계로 구현하기에는 역부족이었다. 하지만 오랜 학교 친구이자 케임브리지의 석탄 및 목재 상인이었던 조지 피셔가 도움을 주었다. 피셔는 엘리아스와 그의 가족에게 500달러를 제공하고, 기계가 특허를 받을 만한 가치가 있는 것으로 판명되면 특허권의 절반을 갖기로 했다. 1845년 5월에 기계가 완성되었고, 7월에 엘리아스 하우는 피셔와 자신을 위해 모직 옷 두 벌에 있는 모든 솔기를 꿰매었다. 바느질이 그 천보다 오래 갔다. 여전히 보존되어 있는 이 기계는 1분에 300바늘을 꿰맬 수 있으며, 첫 시험에서 다른 어떤 유명 발명품보다 완벽에 가까운 것으로 평가받았다. 현재 사용되고 있는 수백만 대의 재봉틀 중 이 첫 번째 시도의 핵심 원리 일부가 포함되어 있지 않은 것은 하나도 없다.

시카고를 진흙탕에서 벗어나게 하려고 거대한 장벽을 쌓기로 결정했을 때, 가난한 기계공의 어린 아들이던 조지 M. 풀먼이 현장에 나타나 이 거대한 사업에 입찰했고, 계약은 그에게 돌아갔다. 그는 장벽을 높이 쌓았을 뿐만 아니라 장벽 안에서 하는 일이 거의 중단되지 않는 방식으로 장벽을 올렸다. 이 모든 시간 동안 그는 모든 철도에 채택될 "잠자는 객차"를 만드는 자신의 숙원사업을 머릿속으로 되뇌고 있었다. 그는 시카고와 알튼 노선에 있는 두 대의 낡은 차량에 침대칸을 장착했고, 곧 수요가 많을 것을 알게 되었다. 그런 다음 객차가 고급스러울수록 수요도 늘어날 것이라는 원칙을 세우고 작업에 착수했다. 그는 콜로라도 금광에서 3년을 보낸 후 돌아와서 대당 18,000달러짜리 객차 두 대를 만들었다. 모두 "풀먼의 어리석음"을 비웃었다. 하지만 풀먼은 장거리 여행의 지루함을 덜어주는 것이라면 무엇이든 신속하게 받아들여질 수 있다고 믿었고, 자신의 모든 것을 걸 만큼 자신의 아이디어에 대한 믿음이 있었다.

풀먼은 아름다움의 상업적 가치에 대한 확고한 신념이 있었다. 그가 건설하고 자신의 이름을 붙인 멋진 마을과 객차는 이 원칙에 대한 그의 믿음을 보여주는 예이다. 그는 직원들에게 편안함과 아름다움, 좋은 위생 환경을 제공하는 것이 좋은 투자라고 생각했고, 그 결과 풀먼 타운은 청결, 질서, 편안함의 모범이 되었다.

기독교 국가의 모습을 바꾼 것은 아이디어를 가지고 이를 실천에 옮긴 사람이었다. 증기 기관에 대한 아이디어는 그리스 철학자들의 저서에서 볼 수 있지만, 그것은 2천여 년이 지난 후에야 개발되었다.

17세기에 영국의 대장장이 뉴컴이 증기의 탄성력으로 피스톤을 움직이는 아이디어를 생각해냈지만, 그의 엔진은 1마력을 생산하는 데 30파운드의 석탄을 소비했다. 현대 엔진의 완성은 15살에 일자리를 찾아 런던 거리를 헤매던 가난하고 교육받지 못한 스코틀랜드 소년 제임스 와트 덕분이다. 글래스고대학교의 한 교수가 그에게 작업할 수 있는 방을 제공했고, 일자리를 기다리는 동안 그는 한순간도 허비할 수 없어 낡은 병을 증기 저장용으로, 속이 빈 지팡이를 파이프 삼아 실험을 했다. 그는 피스톤이 스트로크의 4분의 1 또는 3분의 1을 완료한 후 증기를 차단하고 챔버에 있는 증기를 팽창시켜 피스톤을 나머지 거리까지 구동하게 함으로써 뉴컴의 엔진을 개선했다. 이렇게 하면 증기의 거의 4분의 3을 절약할 수 있었다. 와트는 보통 사람이라면 낙담했을 지독한 가난과 고난에 시달렸다. 하지만 그는 진지했고, 그의 용감한 아내 마거릿은 자신의 불편함은 신경 쓰지 말고 낙담하지 말라고 간청했다. 그녀는 런던에서 고군분투하면서 "엔진이 움직이지 않으면 다른 것이 움직일 거예요. 절대로 절망하지 마세요"라고 그에게 편지했다.

와트는 "어느 화창한 안식일 오후에 엔진을 생각하며 산책을 나갔다가 오래된 세탁소를 지나면서, 증기는 탄성체이기 때문에 진공 상태를 향해 돌진할 것이고, 실린더와 배기된 용기 사이에 통신이 이루어지면, 증기가 그 사이로 돌진하여 실린더를 냉각하지 않고서도 응축할 수 있을 거라는 아이디어가 떠올랐다"라고 회상했다. 이 아이디어는 단순했지만, 그 안에는 실용 가치가 있는 최초의 증기 기관의 씨앗이 담겨 있었다. 제임스 매킨토시 경은 아이디어 하나로 시작한 이 가난한 스코틀랜드 소년을 "모든 시대, 모든 국가의 모든 발명가"의 선두에 올려놓는다.

하루 6펜스를 받고 탄광에서 일하고 밤에는 동료 노동자의 옷을 수선하고 장화를 고쳐주며 야간 학교에 다닐 돈을 벌던 조지 스티븐슨이 처음으로 번 돈 150달러를 눈먼 아버지에게 빚을 갚으라고 드리는 모습을 보라. 사람들은 그가 미쳤다고 말하며 "증기 기관의 굉음으로 집이 불타고", "연기가 공기를 오염시키고", "마차 제작자와 마부는 일거리가 없어 굶주릴 것"이라고 말했다. 3일 동안 하원 위원회는 그에게 질문을 던졌다. 이것은 그것 중 하나였다. "소가 시속 10마일로 달리는 엔진 트랙에 올라타면 어색한 상황이 되지 않습니까?" 스티븐슨은 "네, 정말 어색한 상황입니다"라고 대답했다. 한 정부 조사관은 기관차가 시속 10마일로 달리는 날이면 아침 식사로 엔진 조림을 먹겠다고 말했다.

"말보다 2배 빠른 속도로 달리는 기관차보다 더 터무니없고 우스꽝스러운 전망이 있을 수 있을까?" 1825년 3월 영국의 〈쿼터리 리뷰〉에서 한 작가가 물었다. "우리는 울위치 사람들이 콩그레브 로켓 중 하나가 발사될 때 고통을 겪고, 그런 속도로 달리는 기계의 자비에 자신들을 맡기게 될 것을 예상해야 한다. 우리는 의회가 승인할 수 있는 모든 철도에서 속도를 시속 8~9마일로 제한할 것으로 믿으며, 이는 실베스터* 씨가 모험을 감행할 수 있는 최대치라는 데 전적으로 동의한다." 이 기사는 당시 건설 중이던 리버풀과 맨체스터 철도에서 말 대신 새로 발명한 기관차를 사용하자는 스티븐슨의 제안을 언급했다.

회사는 이 문제를 두 명의 중요 영국 엔지니어에게 맡기기로 결정했는데, 두 엔지니어는 증기는 1.5마일 떨어진 고정식 엔진에서 밧줄과 도르래로 자동차를 끌 때만 바람직하다고 보고했다. 하지만 스티븐슨은 1829년 10월 6일에 열릴 시험에서 가장 우수한 기관차를 제작하면 약 2,500달러의 상금을 주겠다고 제안하며 자신의 아이디어를 시험해 보자고 설득했다.

다사다난했던 이날, 수천 명의 관중이 "노빌리티", "로켓", "퍼저비어런스", "상스파레일"의 4개 엔진의 경쟁을 보기 위해 모였다. "퍼저비어런스"는 시속 6마일밖에 낼 수 없었기 때문에 최소 10마일을 내야 하는 조건에 미달해 탈락했다. "상스파레일"은 시속 14마일로 달렸지만 파

---

* 조지 스티븐슨과 이 일을 같이 진행했던 엔지니어 찰스 실베스터를 말한다.

이프가 파열되면서 기회를 잃었다. "노빌리티"는 훌륭하게 달렸지만 역시 파이프가 파열되어 탈락했고, "로켓"이 시속 15마일의 속도로 영예를 안았다. 최고 속도는 시속 29마일이었다. 이 기관차는 스티븐슨의 기관차였으며, 그의 이론을 완전히 입증해 철도에서 고정식 엔진에 대한 아이디어가 폭발적으로 증가했다. 그는 와트라는 천재가 고안한 고정식 엔진을 채택하여 바퀴를 달아 당대 최고 엔지니어들의 가장 끔찍한 예상을 뒤엎고 사람과 물건을 실어 나르는 데 성공했다.

발명에 관한 모든 기록에서 존 피치의 이야기보다 더 슬프고 감동적인 이야기는 없다. 그는 여러 면에서 가난했다. 외모도 가난했고, 정신도 가난했다. 그는 가난하게 태어나 가난하게 살다가 가난하게 죽었다. 진정한 발명가가 있다면 이 사람이 바로 그 사람이다. 그는 자신의 주장을 전달하기 위해 자기 살이라도 깎을 열렬한 영혼의 한 명이었다. 그는 어느 날 발명이 위기에 처했을 때 자기 다리 하나를 잘라서 100파운드를 얻을 수 있다면 기꺼이 칼에 바치겠다고 말했다. 이것은 분명한 진실이었다.

그는 증기선을 만들기 위해 미국과 프랑스에서 돈을 구하려고 노력했지만 원하는 결과를 얻지 못했다. 그는 이렇게 말했다. "당신과 나는 그날을 보지 못할 것이지만, 증기선이 다른 모든 운송 수단보다 선호되고 증기선이 뉴올리언스에서 휠링까지 서부 강을 거슬러 오르고 바다를 건너는 때가 올 것이다. 조니 피치는 잊히겠지만 다른 사람이 그의 아이디어를 실행에 옮겨 부자가 되고 위대해질 것이다."

가난하고, 누더기가 되고, 버림받고, 비웃음을 당하고, 미친 사람으로 동정받고, 위인들에게서 낙담당하고, 부자들에게 거절당하면서도 그는 1790년 델라웨어에서 증기선의 목적에 부합하는 최초의 선박을 만들 때까지 계속 노력했다. 이 배는 조류를 거슬러 시속 6마일로 달렸고, 조류를 따라서는 시속 8마일을 달렸다.

1807년 8월 4일 금요일 정오, 허드슨강의 부두를 따라 호기심 많은 사람들이 모여들었다. 그들은 클레르몽이라는 이름의 증기선에 한 무리의 사람을 태우고 허드슨강을 거슬러 앨버니로 가겠다고 제안한 한 "괴짜"의 어처구니없는 실패를 목격하기 위해 모였다. 돛이 없는 배를 타고 허드슨강을 올라가는 우스꽝스러운 아이디어에 대해 들어본 적이 있나? 한 사람은 "배가 터져 버릴 것"이라고 말했고, 다른 사람은 "불타 버릴 것"이라고 말했으며, 세 번째 사람은 거대한 검은 연기 기둥이 화려한 불꽃과 함께 솟아오르는 것을 보며 "모두 익사할 것"이라고 외쳤다. 그 자리에 있던 누구도 증기로 움직이는 배에 대해 들어본 적이 없었다. 클레르몽호에 돈과 시간을 허비한 사람은 바보나 다름없고 정신병원에 있어야 한다는 것이 모두의 생각이었다. 하지만 승객들이 탑승하고 플랭크가 당겨지고 증기가 켜졌다. 구동 빔이 천천히 위아래로 움직이며 클레르몽호가 강으로 떠올랐다. "절대로 강을 올라갈 수 없다." 관중들이 계속 말했다. 그러나 그것은 강을 거슬러 올라갔고, 어린 시절 불가능은 없다고 말했던 소년은 위대한 승리를 거두었다. 실용 가치가 있는 최초의 증기선을 세상에 내놓았던 것이다.

풀턴은 인류에게 위대한 서비스를 제공하고 세계 상업에 혁명을 일으켰음에도 불구하고 많은 사람에게 공공의 적으로 여겨졌다. 비평가와 냉소주의자는 풀턴의 이름이 언급될 때면 콧방귀를 뀌었다. 세상의 비난과 조롱, 비방의 심각성은 대개 희생자가 인류에게 가져다준 이익에 비례했다.

클레르몽호가 소나무를 태우자 연통에서 빽빽한 불기둥과 연기가 뿜어져 나왔고, 강변의 주민들은 그 광경을 설명할 수가 없었다. 그들은 "불에 탄" 배가 노도 돛도 없이 그렇게 빨리 강물을 거슬러 올라가는 것을 보고 놀라워하며 기슭으로 달려갔다. 커다란 노를 젓는 소리가 경이로움을 더했다. 선원들은 배를 버리고 어부들은 불 괴물을 피하기 위해 최대한 노를 저어 집으로 돌아갔다. 인디언들은 맨해튼섬의 사냥터에 첫 번째 배가 접근했을 때 그들의 선조들만큼이나 두려움에 떨었다. 범선의 소유주들은 클레르몽호를 질투하며 그 배를 격침하려고 했다. 이해관계에 영향을 받은 다른 사람들은 풀턴의 발명 주장을 부인하고 그를 상대로 소송을 제기했다. 하지만 클레르몽호의 성공은 곧 전국 각지에서 다른 증기선 건조로 이어졌다. 정부는 풀턴을 고용해 강력한 증기호위함인 풀턴 더 퍼스트호를 건조하는 것을 지원했다. 그는 또한 정부를 위해 어뢰를 발사할 수 있는 잠수함도 만들었다. 이 무렵 그의 명성은 문명 세계에 널리 퍼졌다. 그가 사망한 1815년 신문에는 검은 선이 그어졌다. 뉴욕주 의회는 애도 배지를 달았으며, 긴 장례 행렬이 옛 트리니티 교회 마당을 지날 때 조총이 발사되었다. 이렇게 영예로운 장례식을 치른 개인은 거의 없었다.

라드너 박사가 증기선이 대서양을 횡단할 수 없다는 것을 과학자들에게 "증명"한 것은 사실이다. 그러나 1810년 뉴욕에서 출발한 사바나호는 돛과 증기를 이용해 아일랜드 해안에 나타나 이 "불가능한" 항해를 성공시켰다. 해안에 있던 사람들은 갑판 아래에서 화재가 발생했다고 생각했고, 왕의 소형 선박이 그 배를 구하기 위해 보내졌다. 무사히 항해를 마쳤지만, 증기 항해가 해상 교통에서 상업적으로 성공할 수 있다는 사실이 인정되기까지는 거의 20년이 걸렸다.

1832년 영국의 한 항구에서 뉴욕으로 향하는 선박의 갑판 위에서 지루하고 힘든 항해를 하던 주니어스 스미스는 "증기선을 타고 정기적으로 바다를 횡단하면 어떨까?"라고 생각했다. 뉴욕과 런던에서는 그런 말도 안 되는 소리에 귀를 막았다. 스미스의 첫 번째 격려자는 역사학자이자 은행가인 조지 그로테였는데, 그는 이 아이디어가 실현 가능하다고 말했다. 하지만 그는 돈을 걸지 않을 것이라는 오래된 똑같은 이야기만 반복했다. 마침내 런던의 저명한 사업가 아이작 셸비가 2천톤급 증기선 브리티시퀸호를 건조하는 데 동의했다. 엔진 장착이 예기치 않게 지연되면서 제작자들은 7백톤급 강 증기선 시리우스호를 빌려 뉴욕으로 보냈다. 이 사실을 알게 된 다른 일행이 나흘 후 그레이트웨스턴호를 타고 브리스틀에서 출발했고, 두 선박은 같은 날 뉴욕에 도착했다. 스미스는 32일 만에 런던과 뉴욕을 왕복하는 데 성공했다.

인도에서 실용적인 고무를 만들기 위해 11년이라는 긴 세월을 고난에 시달렸던 뉴헤이븐의 찰스 굿이어의 결단력과 인내심은 얼마나 숭고한 그림이었을까! 빚 때문에 감옥에 갇힌 그를 만나보라. 그는 자신의 옷과 아내의 장신구를 전당포에 맡겨 (불을 피우기 위해 들판에서 나뭇가지를 모아야 했던) 자녀들이 굶주리지 않도록 약간의 돈을 마련했다. 죽은 아이를 묻을 돈이 없고 나머지 다섯 아이가 굶어 죽을 위기에 처했을 때, 미쳐서 가족을 돌보지 않는다고 이웃들이 가혹하게 비난할 때, 그의 숭고한 용기와 헌신을 주목하라. 그러나 그의 가황(加黃) 고무를 보라. 그 영웅적 투쟁의 결과물인 고무가 10만 명의 직원과 500개 이상의 용도에 적용되었다.

잃어버린 에나멜 도자기 기술을 재발견하기 위해 궁핍과 비애를 딛고 일어서는 팔리시의 모습은 참으로 애처로웠다. 등에 짊어진 벽돌로 용광로를 만들고, 여섯 명의 자녀가 방임으로, 아마도 굶주림으로 죽어가는 모습을 보며, 누더기를 입고 남편의 "어리석음"에 절망하는 아내의 모습은 참으로 안타깝기 그지없었다. 가족을 소홀히 했다는 이유로 이웃들로부터 멸시를 받고, 스스로 해골이 되어가고, 돈을 줄 수 없어 고용한 사람에게 옷을 주고, 항상 희망을 품고, 꾸준히 실패를 거듭하다 마침내 위대한 업적을 달성하고 보상을 거두었다.

독일 통일은 비스마르크의 가슴에 새겨진 이념이었다. 이 헤라클레스 같은 독재자가 해마다 자신이 제안하는 모든 법안을 부결시키기 위해 선출되는 의회를 신경이나 썼을까? 그는 모든 반대에 무관심했다. 그는 단순히 자신을 반대하는 모든 의회를 무시하고 집으로 돌려보냈다. 그는 혼자서 게임을 할 수 있었다. 독일을 유럽에서 가장 강한 국가로 만들고 프로이센의 빌헬름을 나폴레옹이나 알렉산드로스보다 더 위대한 강자로 만든다는 목적에 그의 모든 것을 바쳤다. 국민, 의회, 국가 등 그의 길을 막는 것은 신경 쓰지 않았다. 모두 그의 강력한 의지에 굴복해야 했다. 독일은 세계의 아레오파고스*에서 결정적인 목소리를 내야 했다. 그는 자신의 앞을 가로막는 모든 사람과 모든 것을 거칠게 넘어섰다. 그는 반대를 무시하고 오만했다. 그 무엇도 그를 억누를 수 없었다.

횡령 혐의로 산 채로 화형에 처해진 위대한 단테를 유배지에서 만나 보라. 굶주린 얼굴, 초췌한 모습, 우울한 표정, 불쌍한 방랑자처럼 보이지만 그는 결코 자신의 생각을 포기하지 않았고, 옳음이 마침내 승리할 것이라고 믿으며 자신의 영혼을 불멸의 시에 쏟아부었다.

콜럼버스는 계속되는 비웃음과 모욕에 노출되었고, 몽상가라는 조롱과 모험가라는 오명을 뒤집어쓰기도 했다. 콜럼버스가 지나갈 때 아이들은 이마를 가리키며 그를 일종의 미친 사람으로 여겼다고 한다.

한 미국인이 독일의 유명한 자연주의자 오켄으로부터 저녁 식사를 초대받은 적이 있다. 그런데 놀랍게도 고기나 디저트는 없었고 구운 감자만 있었다. 오켄은 위대한 사람이었기 때문에 간단한 식사에 대해 사과하지 않았다. 그러나 그의 아내는 남편의 수입이 매우 적고 과학 연구를 위한 책과 도구를 구해야 하기 때문에 소박한 생활을 선호한다고

---

* 아레오파고스 언덕에 있던 고대 아테네의 최고 재판소

설명했다.

에테르가 발견되기 전에는 외과 수술의 통증을 완화하기 위해 환자에게 엄청난 양의 라우다눔*을 투여해야 했다. 때로는 그 양이 500방울에 달하기도 했는데, 투여한 후 회복하는 데 일주일, 어떤 경우에는 한 달이 걸리기도 했다. 젊은 모턴 박사는 이러한 끔찍한 수술에서 인간의 고통을 덜어줄 자연이 제공한 어떤 수단이 있을 거라고 믿었다. 하지만 그가 할 수 있는 일은 무엇이었을까? 그는 화학자도 아니었고, 화학 물질의 성질도 몰랐다. 그는 화학에 대해 교육받은 적이 없었다.

그러나 모턴 박사는 책에 의지하거나 과학자에게 조언을 구하지 않고 즉시 잘 알려진 물질들을 실험하기 시작했다. 그는 중독될 때까지 중독제를 시도했다. 그러나 그 수단을 적용하자 환자가 되살아났다. 그는 마침내 에테르에서 그가 찾던 것을 발견할 때까지 이런 식으로 마약을 계속 실험했다.

빈센트 주교는 여름문화학교에서, 클라크 박사는 전 세계의 기독면려회운동에서, 감리교회는 에프워스 동맹에서, 에드워드 에버렛 헤일은 《왕의 딸》과 《10 곱하기 1은 10》이라는 작은 이야기에서 세상을 위해 얼마나 위대한 아이디어를 내놓았는가! 그리고 모든 나라에서 사랑받는 적십자사를 창설한 클라라 바턴이 있다. 그녀는 남북전쟁에서 남

---

* laudanum. 아편 팅크제라고도 한다.

부군이 병원을 포격하는 것을 보았다. 그녀는 반격할 수 없는 적과 싸우는 것이 잔인함의 극치라고 생각했고, 이 야만적 관습을 멈추기로 결심했다. 물론 세상은 이 가련한 여성에게 비웃음을 보냈다. 그러나 그녀의 아이디어는 모든 나라에서 채택되었고, 적십자 깃발이 휘날리는 텐트나 건물에 총을 겨누는 쪽은 인간에 대한 마지막 배려의 명분을 잃었다.

모든 시대에 걸쳐 인류의 대의를 발전시킨 사람은 주변 사람의 의견에 따르면 "귀신 들린" 남성과 여성이었다. 방주를 만들었던 노아, 이스라엘 민족의 대의를 옹호했던 모세, 타락한 민족을 구원하기 위해 살다 죽었던 그리스도는 모든 위대한 은인과 마찬가지로 부자와 고학력자의 동정과 경멸을 받았다. 그러나 그들은 모든 시대와 환경에서, 요람에서 무덤까지 모든 사람이 걸어야 하는 길에 빛이나 위로를 줄 수 있다면 가난, 고난, 수고, 조롱, 박해 또는 심지어 죽음까지 기꺼이 감수했다. 사실 위대한 목적, 즉 제어하기 어려운 압도적인 아이디어가 스며들지 않은 사람이 인류를 위해 위대한 봉사를 할 수 있을지 의문이다.

비처는 위대한 인물 외에는 모두가 경악했을 장애물을 딛고 승리를 향해 매 순간 싸워야 했다. 원칙을 위한 위대한 싸움과 진리를 위한 투쟁에서 종종 그는 거의 홀로 서서 대중의 편견, 편협함, 심지어 자신의 교회 내에서도 불친절과 시기와 싸우기도 했다. 그러나 그는 자신의 사명을 발견했을 때 주저하거나 흔들리지 않았다. 눈치 보기나 옳고 그름의 중간 지점을 찾지 않았고 원칙에 타협하지도 않았다. 그는 분필로 그은 선에 가까이 다가가 진실과 직각으로 선을 그었다. 그는 대중의 호의에 아부하거나 박수를 구하지 않았다. 의무와 진실이 그의 목표였고, 곧바로 자신의 목표를 향해 나아갔다. 다른 교회는 그와 그의 의견에 동의하지 않았지만, 그는 증오하기에는 너무 관대하고, 복수하기에는 너무 자비롭고, 시기하기에는 너무 고결했다.

프랭클린, 모스, 굿이어, 하우, 에디슨, 벨, 비처, 고프, 해리엇 비처 스토 부인, 아모스 로런스, 조지 피바디, 맥코믹, 호 등의 수많은 사람이 어떤 위대한 아이디어를 진지한 행동으로 구체화하여 주변 사람의 신체적, 정신적, 도덕적 상태를 개선한 매혹적인 "아라비안나이트" 같은 이야기가 어디 또 있을까?

세상에는 아직 아이디어가 많이 남아 있다. 모든 것이 다 발명된 것이 아니다. 좋은 일들이 모두 이루어진 것이 아니다. 바로잡아야 할 악습이 수천 가지나 있으며, 각 악습은 새로운 아이디어로 무장한 독립적인 영혼에게 도전한다.

"하지만 어떻게 아이디어를 얻을 수 있나요?" 정신을 바짝 차리세요! 관찰하세요! 공부하세요! 하지만 무엇보다도, 생각하세요! 그리고 고귀한 이미지가 마음에 지울 수 없이 각인된다면, 행동하세요!

24장

일과 기다림

어떤 큰 계기가 왔을 때 우리가 하는 일은 아마도 우리가 어떤 사람인지에 따라 달라질 것이며, 우리가 어떤 사람인지는 지난 수년간의 자기 훈련의 결과일 것이다.　　　　　　　　　　　　　　• P. 리던

나는 교육받지 않은 인간의 영혼을 채석장의 대리석과 같다고 생각한다. 연마사가 능숙한 기술로 색을 살피고, 표면을 빛나게 하고, 돌의 본체에 흐르는 모든 장식적 암영, 반점, 돌결을 발견하기 전까지는 그 고유의 아름다움을 전혀 드러내지 못한다.　　　　　　　　　• 애디슨

당신의 재능을 충실히 사용하면 그 재능이 확대될 것이고, 당신이 아는 것을 실천하면 더 높은 지식에 도달할 것이다.　　　　　• 아널드

서두르면 스스로 발목을 잡고 족쇄를 채워 멈추게 한다.　　• 세네카

> 더 많이 알수록 자신과 자신에게 속한 소유물을 더 많이 아낄 수 있고, 더 적은 노력으로 더 많은 일을 할 수 있다. • 찰스 킹슬리

헨리 베세머는 1831년 런던에 도착할 때의 자신을 가리켜 "나는 광활한 인간 세상의 바다에 떠다니는 한낱 미물에 불과했다"라고 말했다. 겨우 18세의 나이에 런던에 아는 사람도 없었지만, 그는 곧 골판지에 얕은 양각 무늬를 복사하는 방법을 발명해 스스로 일을 만들었다. 그의 방법은 매우 간단해 누구든 10분이면 골판지를 가지고 1페니짜리 양각 우표를 찍어 내는 주형을 만들 수 있었다. 이렇게 하면 영국의 모든 공문서에 찍힌 양각 우표를 쉽게 위조할 수 있다는 사실을 알게 된 그는 연구에 착수하여 위조하거나 문서에서 쉽게 떼어낼 수 없는 천공 우표를 발명했다. 그는 사람들이 낡은 양피지에서 우표를 떼어내 다시 사용하는 바람에 정부가 연간 10만 파운드의 손실을 보고 있다는 우편국장의 말을 공공 우표 사무소에서 들었다.

우편국장은 우표의 위조가 쉽다는 위험성을 충분히 인식하고 있었다. 그래서 그는 베세머에게 천공 공정에 대한 확실한 액수, 또는 연간 800파운드에 평생 사무실 중 하나를 제공하겠다고 제안했다. 베세머는 사무실을 선택했고, 그의 재산을 공동으로 소유하기로 약속한 젊은 여성에게 서둘러 이 소식을 전했다. 그는 자신의 발명품을 설명하면서 100년이나 된 문서에서 귀중한 우표를 떼어내 두 번 사용하는 것을 방지할 방법을 설명했다.

그의 약혼녀는 "그렇군요. 무슨 말인지 알겠어요. 그런데 확실한 건, 모든 우표에 날짜가 찍혀 있으면 들키지 않고서는 사용할 수 없겠죠"라고 말했다.

이것은 매우 짧은 대답이었고, 마치 네 글자 중 한 글자를 뺀다고 해서 특별히 중요도가 떨어지는 것은 아닌 것 같았다. 그러나 그 짧은 말은 마치 삼키지 않아 매년 수천 명의 목숨을 구한 남학생들의 옷핀처럼 영국 세입 담당관들의 머릿속을 떠나지 않아 오랫동안 정부에 연간 10만 파운드의 추가 경비를 신경 써야 하는 부담을 덜어줄 것이었다. 그리고 이 짧은 말로 그 연결성이 공개적으로 드러나면 베세머의 천공 장치는 작년에 만들어진 새 둥지보다 더 가치가 떨어질 것이었다. 그러나 그는 그 젊은 여성의 기발한 아이디어에 자부심을 느꼈고, 즉시 우편국에 개선을 제안했다.

그 결과 그의 천공 시스템은 폐기되었고, 그는 약속된 자리를 박탈당했지만, 정부는 그 짧은 말 한마디가 전달한 아이디어를 그날부터 지금까지 아무런 보상 없이 냉정하게 활용하고 있다.

베세머의 재정적 전망은 그리 밝지 않았지만, 젊은 남자가 가질 수 있는 최고의 자본은 훌륭한 아내라는 사실을 깨달은 그는 즉시 동업 관계를 맺어 두 사람의 높은 두뇌를 결합해 자신의 지휘하에 두었다. 그 결과 수년간의 고민과 실험 끝에 세계 철강 산업에 혁명을 일으킨 베세머 공법을 개발하여 철을 저렴하게 생산할 수 있게 되었다. 베세머의 방법은 수 톤의 녹은 선철 아래로 뜨거운 공기를 강제로 불어넣어 강렬한 산화를 일으킨 다음, 탄소가 풍부한 광석인 슈피겔 아이젠(경철)을 충분히 첨가해 전체 덩어리를 강철로 바꾸는 간단한 방법이었다.

그는 훨씬 더 어렵고 값비싼 방법을 헛되이 시도한 후에야 이 간단한 과정을 발견했다.

"기다리는 자에게는 모든 것이 이루어진다."

이 시대의 가장 큰 부족은 철저함이 부족하다는 것이다. 일생의 일을 준비하는 데 기꺼이 시간을 할애하는 젊은 남녀를 찾는 경우가 얼마나 드문지! 그들이 원하는 것은 약간의 교육과 약간의 책뿐이며, 그런 뒤 사업을 시작할 준비를 한다.

"기다릴 수 없다"는 세기의 특징이며 상업, 학교, 사회, 교회 등 모든 곳에 쓰여 있다. 고등학교, 신학교 또는 대학을 기다릴 수 없다. 소년은 청년이 되기를, 청년은 남자가 되기를 기다릴 수 없다. 청년은 교육이나 훈련도 제대로 받지 못한 채 사업에 뛰어들고, 당연히 열악한 일을 하다가 중년에 망가지고, 40대에 노년으로 죽는 경우가 많다. 모두가 서두르고 있다. 건물은 너무 빨리 세워져 서 있지 못하고, 모든 것이 "판매"를 위해 만들어진다.

얼마 전 한 대학교의 교수가 서부에서 온 한 젊은 여성의 편지를 받았는데, 그녀는 대학교에 와서 12번의 수업을 들으면 웅변을 가르칠 수 있겠느냐고 물었다. 오늘날 우리의 젊은이들은 넓고 깊은 기초를 쌓으려 하지 않는다. 예비학교와 대학교에서 고된 세월은 그들을 낙담시킨다. 그들은 단지 "수박 겉핥기식"의 교육만을 원한다. 하지만 교황의 말처럼,

약간의 배움은 위험한 것이다.
깊게 마시지 않으면 뮤즈 여신의 샘물을 맛보지 못한다.
얕게 한 모금 마시는 것은 뇌를 취하게 한다.
그리고 많이 마시면 우리를 다시 제정신이 들게 한다.

무지를 감추려고 하는 변화와 "어떤 실수로 자신의 비어 있음이 드러나지 않을까 끊임없이 떠는" 모습은 안타깝기 그지없다. 이 시대는 지름길과 요약된 방법을 찾고 있다. 그러나 성공으로 가는 길을 단축하는 방법은 시간을 충분히 들여 예비력을 쌓는 것이다. 노력과 확실한 목표, 그리고 성실함이 그 길을 단축할 것이다. 하루 만에 인생의 상부 구조를 쌓으려는 위험에 빠지지 않도록 하라.

인내는 자연의 여신의 좌우명이다. 그녀는 꽃 한 송이를 완벽하게 피우기 위해 오랜 시간 노력한다. 그녀는 자신의 가장 위대한 창조물을 위해 뭐든 마다하지 않을 것이다. 세월과 영겁은 그녀에게 아무것도 아니며, 그녀는 그 속에서 완벽한 인간이라는 위대한 조각상을 조각해 오고 있다.

존슨은 한 사람이 책 한 권을 쓰려면 도서관 절반을 뒤져야 한다고 말했다. 한 작가가 워즈워스에게 시 한 편을 쓰는 데 6시간이 걸린다고 말하자, 그는 6주 정도 걸린다고 대답했다. 비숍 홀이 작품 하나에 30년을 들였다고 생각해 보라! 오언스는 20년 동안 《히브리서 주석》을 작업했다. 무어는 마치 천재성을 발휘하는 것처럼 읽히는 그의 음악적 스탠자(stanza)를 완성하기 위해 수 주를 투자했다.

칼라일은 알려진 모든 권위자에게 자문을 구하기 전에는 위대한 역사의 한 페이지도 작성하지 않았다. 그의 모든 문장은 수많은 책의 정수이며 거대한 도서관에서 오랜 시간 고된 연구를 통해 나온 산물이다. 오늘날 《의상철학》은 어디에나 있다. 거의 모든 서점에서 아주 저렴하게 구입할 수 있으며, 전 세계에 수십만 권이 흩어져 있다. 그러나 1851년 칼라일이 이 책을 런던에 가져왔을 때, 세 곳의 저명한 출판사에서 거의 경멸적인 태도로 거절당했다. 마침내 그는 〈프레이저 매거진〉에 이 작품을 실을 수 있었고, 편집자는 그의 작품이 "부당한 거절"을 받았다는 기쁜 소식을 전했다.

헨리 워드 비처는 구독료를 내기 위해 종교 신문 발행인에게 여섯 편의 기사를 보냈지만 정중하게 거절당했다. 〈애틀랜틱 먼슬리〉의 발행인은 알콧 양이 가르치는 일에 충실한 것이 좋겠다고 제안하며 원고를 돌려보냈다. 주요 잡지 중 하나는 테니슨의 첫 시를 조롱하며 그 젊은 시인을 일시적인 망각으로 넘겨버렸다. 랄프 왈도 에머슨의 책 중 단 한 권만 대가를 받고 판매가 이루어졌다. 워싱턴 어빙은 거의 70살이 되어서야 그의 책 수입으로 가계 지출을 충당할 수 있었다.

소년들을 직업에 묶어 두던 옛 제도가 사라진 것이 어떤 면에서는 매우 불행한 일이다. 오늘날에는 직업을 배우는 소년이 거의 없다. 그들은 마치 학생이 특정 시험을 벼락치기로 하듯, 어떤 과목에 대해 얼마나 많은 것을 배울 수 있는지 확인하는 노력 없이 그저 "통과"하기 위해 과목을 선택한다.

미국의 한 청년이 10년 동안 다빈치와 함께 말의 해부학적 구조를 익히기 위해 기마상 모델을 만든다고 생각해 보라! 아마 대부분의 미국 젊은 예술가는 그 시간의 4분의 1이면 아폴로 벨베데레를 조각할 수 있을 것으로 기대할 것이다.

한 부자가 하워드 버넷에게 자신의 앨범을 위해 약간의 작업을 해달라고 부탁했다. 버넷은 이를 수락하고 1천 프랑을 청구했다. "하지만 끝내는 데 5분밖에 안 걸렸잖아요." 부자가 반박했다. "네, 하지만 5분 만에 하는 방법을 배우는 데 30년이 걸렸습니다."

이 시대가 원하는 것은 세상이 박수를 보내든 야유를 보내든 일하고 기다릴 줄 아는 배짱과 근성을 가진 사람이다. 제국을 뒤흔들 수 있는 거대한 예비력을 세상에 보여줄 기회를 얻기까지 40년 동안 고군분투한 미라보, 첫 번째 큰 기회를 위해 반세기 동안 일하고 끈질기게 기다린 파라구트, 폰 몰트케 같은 사람이다. 동료 장군과 정치가로부터 비난을 받으면서도 영웅적인 침묵으로 싸운 그랜트, 연필에 탐욕의 때가 묻을까 봐 모든 보수를 거부하고 7년이라는 긴 세월 동안 시스티나 성당을 〈천지창조〉와 〈최후의 심판〉으로 장식한 미켈란젤로, 프랑스 혁명의 역사를 빌리기 위해 발에 헝겊을 묶고 눈 속을 2마일이나 걸어서 소나무 옹이 불빛 앞에서 열심히 공부하는 설로 위드, 눈으로 볼 수 없는 세상에서 《실낙원》을 집필하는 밀턴, 《허영의 도시》가 수십 개의 출판사로부터 거절당한 후에도 꿋꿋하게 버티는 새커리, 외로운 창고에서 수고하며 기다리는 발자크 등, 세상은 가난도 빚도 굶주림도 낙담시키거나 위협할 수 없는, 사치에 주눅 들지 않고 낙담에 방해받지 않는, 일할 수 있고 기다릴 줄 아는 사람을 원한다.

젊은 변호사 대니얼 웹스터는 한때 자신에게 의뢰한 가난한 대장장이를 위한 사건에서 권위 있는 판례를 얻기 위해 주변의 모든 법률 도서관을 뒤졌지만 찾을 수가 없어 50달러를 들여 필요한 책을 주문했다. 그는 소송에서 이겼지만 의뢰인이 가난했기 때문에 15달러만 청구했고, 그로 인해 구입한 책에 대한 손실은 말할 것도 없고 시간도 많이 잃었다. 그로부터 몇 년 후, 뉴욕을 지나던 그는 당시 대법원에 계류 중이던 중요하지만 수수께끼 같은 사건에 대해 아론 버로부터 도움을 요청받는다. 그는 그 사건이 대장장이의 사건과 마찬가지로 소유권에 관한 복잡한 문제라는 것을 순식간에 알아차렸고, 해결하느라 그토록 고생했던 사건이 이제 그에게 구구단처럼 단순해졌다. 찰스 2세 시대로 거슬러 올라갈 정도로 준비되고 순서도 정확하게 맞은 법과 판례를 제시하자, 버는 놀란 나머지 이 사건에 대해 이전에 의뢰받은 적이 있느냐고 물었다. "절대 아닙니다. 오늘 저녁까지 당신의 사건에 대해 들어본 적이 없습니다"라고 대답했다. "좋습니다. 진행하세요"라고 버가 말하자, 웹스터는 초기 고객에게 들인 시간과 수고에 대한 보상을 수임료로 받았다.

앨버트 비어슈타트는 1859년 개척자들과 함께 처음으로 록키산맥을 넘었고, 그 후 그에게 유명세를 안겨준 서부 풍경의 그림을 그리기 위해 스케치를 했다. 파이크스 피크로 가는 길에서 그는 눈에 보이는 곳까지 평원에 흩어져 있는 거대한 버팔로 무리를 경이롭게 바라보며 문명이 발달하면 사라져버릴 시대를 생각했다. 그 생각은 그를 괴롭혔고, 1890년 〈마지막 버팔로〉에서 최종적으로 구체화되었다. 그는 이 위대한 작품을 완성하기 위해 20년을 보냈다.

오래 지속되고 시간의 시험을 견뎌내는 모든 것에는 깊고 견고한 기초가 있어야 한다. 로마에서 기초는 종종 건물에서 가장 비싼 부분이기 때문에 자연석 위에 건축하려면 깊이 파야 했다.

벙커힐 기념탑의 50피트는 땅속에 있어 그 역사적인 수직 통로를 밟는 사람에게 보이지 않고 인정받지 못하지만, 화강암 측면을 뒤흔드는 폭풍우에도 수직으로 똑바로 서 있을 수 있는 것은, 없는 듯 보이는 이 기초 덕분이다. 성공하는 인생의 많은 부분이 지하에 주춧돌을 놓는 데 쓰여야 한다. 성공은 고된 노력과 인내의 산물이며 "성공하는 데 걸리는 시간을 아는 것"에 달려 있다.

인내심은 그 어떤 고귀한 영웅적 행동보다 훨씬 더 좋은 인성의 시험대이다.

피아니스트 탈베르크는 자신의 유명한 곡을 적어도 1,500번 이상 연습하기 전에는 대중 앞에서 연주할 엄두를 내지 못했다고 한다. 그는 천재성을 주장하지 않았으며 모든 것은 노력의 문제라고 말했다. 이러한 노력과 인내의 업적은 천재성을 주장하는 많은 사람을 부끄럽게 만들 것이다.

에드먼드 킨은 그토록 뛰어난 실력으로 연기한 〈젠틀맨 악당〉 캐릭터에 출연하기 전 1년 반 동안 술잔 앞에서 끊임없이 연습하며 표정을 연구했다. 무어와 함께 그를 보러 갔던 바이런은 그가 무대에 등장했을 때 그렇게 무섭고 사악한 얼굴을 본 적이 없다고 말했다. 위대한 배우가 죄의 끔찍한 결과를 묘사하는 동안 바이런은 기절했다.

한 부유한 은행가는 "수년 동안 나는 사업장에서 해가 뜨는 것을 보곤 했다. 종종 15시간이나 18시간 동안 자리를 뜨지 않았다"라고 말했다.

인내는 뽕나무 잎을 비단으로 바꾼다고 한다. 산비탈의 거대한 참나무는 수 세기에 걸치는 폭풍우를 견디기 위해 위로 자라는 동안 뿌리가 바위 주위를 크게 돌면서 성장을 몇 달 또는 몇 년 동안 멈춘다고 한다. 다빈치는 가장 아름다운 그림으로 꼽히는 모나리자를 그리는 데 4년이라는 시간을 보냈지만, 그 안에 예술적 사상을 영원히 남겼다.

빙엄 대위가 말했다. "독일군이 얼마나 훌륭한 기계인지, 전쟁에 얼마나 잘 준비되어 있는지 상상도 하지 못할 것이다. 다른 나라와 전쟁이 일어났을 때 해야 할 일을 보여주는 차트가 만들어져 있고, 계획에서 모든 장교의 위치가 정해져 있다. 전쟁이 선포되는 순간 다른 모든 일정을 대체하는 열차 일정이 있으며, 이에 따라 육군 사령관이 모든 장교에게 어떤 열차를 타고 즉시 어디로 가야 할지 전보를 칠 수 있도록 준비되어 있다."

한 학식 있는 성직자가 교육을 경멸하는 문맹의 설교자에게 물었다. "선생님, 대학에 가보셨습니까?" "네, 선생님"이라는 대답이 돌아왔다. 그는 "배운 것이 없는 제 입을 주님께서 열어주셔서 감사하게 생각하고 있습니다"라고 말했다. 이에 성직자는 "비슷한 사건이 발람의 때에도 일어났죠"*라고 반박했다.

방금 졸업한 한 청년이 트리니티대학교 총장에게 교육을 마쳤기에 작별 인사를 하러 왔다. 총장은 "사실, 나는 이제 막 교육을 시작했네"라고 말했다.

---

* 체계적인 교육을 통해 얻은 지식이 아니면 대중을 오도할 수 있다는 뜻이다. 발람의 이야기는 구약성경 민수기 22~24장에 나온다. 이방신의 제사장인 발람은 이스라엘의 적인 모압 왕에게 이스라엘을 저주하라는 의뢰를 받지만, 초자연적인 사건에 의해 세 번이나 그 시도가 좌절된다. 그러다 뇌물을 받고 네 번째에 이스라엘 백성을 타락시키는 데 성공한다.

아주 평범한 소년이 비범한 인물로 만들어지는 경우가 많다. 그러기 위해서는 어릴 때부터 시작해야 한다. 거칠고 미숙하며 심지어 둔한 소년이 좋은 자질을 가지고 있어 습관이 고착되거나 확정되기 전에 숙련된 교육자의 지도를 받는다면 그 교육이 어떤 효과를 내는지 놀라울 따름이다.

남북전쟁 말기에 가장 거친 신병들을 몇 주 또는 몇 달만 훈련시켜도 구부정하고 위엄 없던 병사들이 곧고 위엄 있게 변하고, 남자답고 직립적이며 예의 바르게 행동해 친구들도 그들을 거의 알아보지 못했다. 성숙하게 성장한 젊은이에게서 이런 변화가 뚜렷이 나타난다면, 일찍 입대하여 육체적, 정신적, 도덕적으로 체계적인 교육과 훈련을 받은 청년에게는 얼마나 큰 기적이 일어날까! 교도소, 구빈원, 부랑자 소굴, 또는 우리 도시의 빈민가에서 거칠고 지저분하고 비참한 삶을 사는 사람이 얼마나 자주 누더기 속에서 가능성을 잠재우고 있는지! 그가 어릴 적에 충분히 운이 좋아서 효율적이고 체계적인 훈련의 혜택을 누렸다면, 그를 더러운 얼룩과 추악한 흉터 대신에 인류의 장식품인 훌륭한 사람으로 발전했을 경우가 얼마나 많은지!

게으름은 거미줄에서 시작해 쇠사슬로 끝난다. 에디슨은 축음기가 흡음한 소리를 재생하는 반복적 노력을 설명하면서 다음과 같이 덧붙였다. "지난 7개월간 하루에 18시간에서 20시간을 '스펙시아'라는 한 단어에 집중했다. 축음기에 대고 '스펙시아, 스펙시아, 스펙시아'라고 말했지만 악기는 '페시아, 페시아, 페시아'라고 응답했다. 화가 나서 미칠

지경이었다. 하지만 굳건히 버텼고, 성공했다."

탁월함을 향한 길은 수년간의 자기 부정과 노력으로 포장된다.

매사추세츠 공립학교 제도의 창시자인 호레이스 만은 끈기와 인내를 발휘하고 기다릴 줄 아는 훌륭한 본보기였다. 그의 유일한 유산은 가난과 고된 노동뿐이었다. 하지만 그는 지식에 대한 끝없는 갈증과 세상에 나가겠다는 결의를 가지고 있었다. 그는 짚을 땋아 돈을 벌어 영혼이 목말라하는 책을 샀다.

글래드스턴은 승리할 수밖에 없었다. 그는 사람들이 충분하다고 여길 정도의 놀라운 재능을 타고났다. 국회의원이라는 탐나는 상도 차지했다. 그런데도 그는 상황을 지배하기로 결심했다. 그래서 모든 공적 및 사적 의무를 수행하는 동안에도 법 연구에 11학기를 더 썼을 뿐만 아니라 그리스어를 끊임없이 공부했다. 구할 수 있는 모든 좋은 책과 논문을 읽었다. 그렇게 그는 자기 삶이 최대한 완성되어야 하고 자기 마음에 광범위하고 교양 있는 문화를 갖추어야 한다고 결심했다.

올레 불은 이렇게 말했다. "하루를 연습하면 그 결과를 자신이 볼 수 있고, 이틀을 연습하면 친구들이 볼 수 있으며, 사흘을 연습하면 대중이 볼 수 있다."

당장은 사소해 보일지라도 모든 지식, 모든 기회, 모든 상황을 포착하여 경험으로 갈고 닦는 습관은 아무리 과대평가해도 지나치지 않는다. 그 모든 것이 유용하게 쓰일 것이다. 웹스터는 14년 전에 들었지만 그동안 생각나지 않았던 일화를 되풀이했다. 그 상황에 딱 들어맞는 말이었다. "석공이 돌을 거절한다면 그건 그가 몸이 아픈 겁니다."

웹스터는 언젠가 매우 중요한 주제에 대해 연설해 달라는 요청을 받았지만 매우 바빠서 그 주제를 숙달할 시간이 없다며 거절했다. "하지만 당신이 몇 마디만 하면 대중의 관심을 불러일으키는 데 큰 도움이 될 것이다"라고 친구가 대답했다. 웹스터는 "내 말에 무게가 있다면, 그것은 내 마음이 말하려는 주제에 흠뻑 젖기 전에는 말하지 않기 때문이다"라고 대답했다. 한번은 웹스터가 하버드대학교의 파이 베타 카파 소사이어티에서 책을 선물 받고 훌륭한 연설을 했는데, 그가 떠난 후 그 책에서 그가 신중하게 작성한 "즉흥 연설문"이 발견되었다. 그는 그걸 가져가는 것을 잊어버렸다.

데모스테네스는 갑작스러운 위급 상황에 대해 연설해 달라는 요청을 받았지만 "준비가 되지 않았다"라고 대답했다. 그는 철저한 준비 없이는 어떤 주제에 대해서도 연설하지 않았기 때문에 사람들은 데모스테네스에게 천재성이 없다고 생각했다. 어떤 회의나 집회에서든 요청을 받으면 그는 사전에 준비하지 않고는 절대로 일어나지 않았다.

알렉산더 해밀턴은 "사람들은 나에게 천재성이 있다고 한다. 내가 가진 모든 천재성은 바로 이것이다. 나는 어떤 주제를 손에 쥐면 깊이 연구한다. 밤낮으로 그 주제 앞에 있다. 모든 면에서 그것을 탐구한다. 내 마음은 그것으로 가득 찬다. 그러면 사람들은 내 노력을 기꺼이 천재의 열매라고 부른다. 천재의 열매는 노동과 사고의 결실이다." 노동의 법칙은 천재성과 평범성에도 똑같이 적용된다.

위대한 외과의사 넬라톤은 생명이 달린 수술을 할 시간이 4분밖에 없다면 1분 동안은 어떻게 하는 것이 가장 좋은지 고민한다고 말했다.

롱펠로는 "많은 사람이 자신의 원칙이 뿌리내리도록 두지 않고, 마치 어린이가 심은 꽃을 살피듯, 가끔 뽑아서 잘 자라고 있는지 확인한다"라고 말한다. 우리는 일할 뿐만 아니라 기다려야 한다.

사이저는 말한다. "콧수염과 부츠, 멋진 모자를 주로 생각하고, 낮에 멋지고 느긋하게 어울려 다니고, 극장이나 오페라, 빠른 말(馬)에 대해 이야기하는 말쑥하게 차려입은 젊은 멋쟁이는 사업을 배우고 자신을 사람답게 만들기 위해 들어온 성실한 젊은 동료를 조롱한다. 왜냐하면 그는 쓸데없는 것에 시간을 낭비하는 일에 동참하지 않을 것이기 때문이다. 그의 무익한 삶이 사악한 방종으로 더 일찍 망가지지 않는다면, 그는 조롱하고 경멸하는 동료 직원으로부터 오는 상황을 받아들이며, 그 동료가 굳건히 서서 이익을 나누어주고 부를 차지하는 날을 보게 될 것이다."

"나는 30년 넘게 이 분주한 도시 뉴욕에서 수천 명의 젊은이의 경력을 지켜보았다"라고 카일러 박사는 말한다. "성공하는 사람과 실패하는 사람의 가장 큰 차이는 지속력에 있다는 것을 발견했다. 영구적인 성공은 갑작스러운 돌진보다 버티는 데서 얻어지는 경우가 더 많다. 지푸라기 하나의 휘두름에 밀려나 쉽게 낙담하는 사람은 항상 뒤로 밀려나 망하거나 자선(慈善)의 들것에 실려 갈 뿐이다. '끈기 있게 하다'라는 에이브러햄 링컨의 담백한 격언을 이해하고 실천하는 사람이 가장 확실하게 성공했다."

웰링턴 공작은 군대에서 진급하지 못해 낙담한 나머지 세관의 훨씬 낮은 직책에 지원했지만 그것마저 거절당했다. 나폴레옹은 인정받기 전까지 7년 동안 빈자리가 생길 때마다 지원했다. 그는 그사이에도 최선을 다해 공부했고, 연구와 성찰을 통해 철저한 군사 교육으로 여겨지는 것을 보충해 훗날 그의 새로운 조합을 기대하지 않았던 전문가들에게 전쟁 기술을 쉽게 가르칠 수 있었다.

위급한 상황을 헤쳐 나갈 수 있는 예비력은 오랜 노력과 기다림의 결과이다. 콜리어 박사는 "예비력은 사람에게 성취를 의미한다"라고 선언한다. "그것은 반드시 해야만 한다고 느낄 때, 그렇지 않으면 소중한 것을 잃게 된다고 느낄 때 가장 위대한 일을 하게 해주는 힘, 모든 것이 뒤바뀌는 위기 상황에서 가장 잘할 수 있게 해주는 힘이다. 긴 싸움의 긴장을 견디면서도 여전히 무언가 남아 있음을 발견하고, 그래서 결코 패배한 적이 없기 때문에 패배할 줄도 모르는 힘이다."

그는 성실하고 철저히 준비하고 교양을 쌓아온 독립적인 행동가이다. "우리는 학식을 위해서가 아니라 인생을 위해서 배운다." 우리의 습관, 즉 신속, 성실, 철저함 또는 지각, 변덕, 겉핥기는 가장 쉽게 습득되고 가장 오래 유지된다.

다른 사람의 말을 빌리자면, 정신적 육체적 노동에서 성공하기 위한 3대 필수 요소는 연습, 근면, 인내이지만 그중에서도 가장 큰 것은 인내이다.

"그러므로 일어나서 행동하자.
어떤 운명과도 맞설 용기로
항상 열정적이고 항상 추구하며
수고하고 기다리는 법을 배우자."

25장

자신에게 위대한 것을 기대하라

미라보는 "모든 곳에서 성공하기 위해서가 아니라면 왜 자신을 남자라고 불러야 하는가?"라고 물었다. 자신의 위대함, 자신의 놀라운 가능성을 믿는 것만큼 위대한 일을 이루도록 자신을 자극하는 것은 없다. 자신감이 사라지면 힘도 사라진다. 따라서 자신에 대한 믿음, 마음먹은 일을 해낼 수 있는 능력에 대한 믿음을 흔드는 사람을 적으로 간주하라. 당신의 성취는 당신 자신에 대한 믿음보다 더 클 수 없다. 나폴레옹이 자신의 군대가 알프스산맥을 넘기를 기대하면서도 자리에 앉아 그 일에 자신에게 너무 큰 일이라고 선언한 것처럼, 당신도 자신의 능력에 대한 진지한 의심과 두려움을 품으면서도 인생에서 중요한 일을 이루기를 바라는 것은 합리적일 수 있다.

문명의 기적은 자신의 능력에 대한 확고한 믿음이 있고 자신이 맡은 일을 해낼 수 있다는 자신감이 있는 남성과 여성에 의해 이루어졌다. 세상이 종종 터무니없거나 불가능하다고 비난하는 것들을 찾아내 그것들을 현실로 만드는 근성, 결단력, 끈기가 없었다면 인류는 오늘날보다 몇 세기나 뒤처졌을 것이다.

어떤 일이든 기대하거나 요구하거나 가정하지 않고서 성공하는 법은 없다. 먼저 강하고 확고한 자기 믿음이 있어야 한다. 그렇지 않으면 그 일은 절대 오지 않을 것이다. 하느님이 만드신 최고의 질서 세계에는 우연이 없다. 모든 일에는 원인이 있어야 하며, 그것도 충분한 원인이어야 한다. 즉, 원인은 결과만큼 커야 한다. 시냇물은 그 근원보다 더 높이 올라갈 수 없다. 위대한 성공에는 기대와 자신감, 그리고 그것을 이루기 위한 끈질긴 노력이라는 위대한 원천이 있어야 한다. 뛰어난 능력, 천재성, 화려한 학벌을 가졌어도 자신감보다 더 높이 올라갈 수는 없다. 할 수 있다고 생각하는 사람은 할 수 있고, 할 수 없다고 생각하는 사람은 할 수 없다. 이것은 냉혹하고 논쟁의 여지가 없는 법칙이다.

다른 사람이 당신에 대해, 당신의 계획에 대해, 당신의 목표에 대해 어떻게 생각하는지는 중요하지 않다. 남들이 당신을 선구자라고 부르든, 공상가라고 부르든, 몽상가라고 부르든, 당신은 자신을 믿어야 한다. 자신감을 잃으면 스스로 자신을 버리게 된다. 그 누구도, 어떤 불행도 자신에 대한 믿음을 흔들지 못하게 하라. 살다 보면 재산, 건강, 명성, 심지어 다른 사람의 신뢰까지 잃을 수도 있지만, 자신에 대한 확고한 믿음을 유지하는 한 희망은 있다. 그 믿음을 잃지 않고 계속 나아간다면 조만간 세상은 여러분을 위해 길을 열어줄 것이다.

한 병사가 나폴레옹에게 전갈을 급히 전하느라 그가 탄 말이 전갈을 전하기도 전에 죽어버린 적이 있다. 나폴레옹은 답장을 받아 적도록 지시한 뒤 전령에게 건네주면서 자신의 말을 타고 최대한 빨리 전하라고 명령했다.

전령은 멋진 장식이 달린 웅장한 말을 보며 "아니요, 장군님, 이것은 일반 병사가 타기에는 너무 화려하고 웅장합니다"라고 말했다.

나폴레옹은 "프랑스 군인에게 너무 훌륭하거나 웅장한 것은 없다"라고 말했다.

세상에는 이 불쌍한 프랑스 병사처럼 다른 사람이 가진 것이 너무 훌륭해 자신의 초라한 처지에는 맞지 않는다고 생각해, "더 혜택을 받고 있는" 사람들이 가진 것만큼 좋은 것을 자신은 가질 수 없다고 생각하는 사람들로 가득하다. 그들은 자기 비하 또는 자기 폄하라는 정식적 태도가 자신을 어떻게 약화시키는지 깨닫지 못한다. 그들은 충분히 주장하거나, 충분히 기대하거나, 충분히 요구하지 않는다.

자신에 대해 소인 같은 주장만 하고 작은 것만 기대한다면 결코 거인이 될 수 없다. 소인 같은 생각이 거인을 만들 수 있는 법은 없다. 동상은 모델을 따르며, 모델은 내면에 대한 시각이다.

대부분의 사람은 그들이 세상에서 가장 좋은 것을 가지도록 의도되지 않았으며 인생의 선하고 아름다운 것은 자신을 위해 설계된 것이 아니라 특별히 운이 좋은 사람들을 위해 마련된 것이라고 교육받아 왔다. 그들은 열등함에 대한 이런 확신 속에서 자랐으므로 우월함을 타고난 권리로 주장할 때까지 당연히 열등함을 느낄 것이다. 정말로 위대한 일을 할 수 있는 수많은 남성과 여성이 자신에게 충분한 것을 기대하거나 요구하지 않기 때문에 작은 일을 하고 평범한 삶을 살고 있다. 그들은 최선을 다하는 방법을 모른다.

인류 전체가 자신의 가능성과 잠재력에 부응하지 못하는 이유의 하나는, 뛰어난 능력을 가진 사람이 평범하게 살아가는 것을 곳곳에서 볼 수 있는 이유의 하나는, 자신에 대해 충분히 생각하지 않기 때문이다. 우리는 우리의 신성을 깨닫지 못한다. 우리는 우리가 우주의 위대한 인과관계의 일부라는 사실을 깨닫지 못한다.

우리는 태어날 때 주어진 우리의 숭고한 권리를 높이 생각하지 않으며, 우리에게 의도되고 기대되는 숭고함의 경지가 어느 정도인지, 우리가 정말로 어느 정도까지 우리 자신의 주인이 될 수 있는지 이해하지 못한다. 우리는 자신의 운명을 통제할 수 있다는 사실을 깨닫지 못한다. 즉, 우리는 가능한 것은 무엇이든 할 수 있고, 되고자 하는 것은 무엇이든 될 수 있다.

마리 코렐리는 "우리가 진흙 덩어리로 남기로 결심한다면 용감한 사람이 발로 밟는 진흙 덩어리로 사용될 것이다"라고 말한다.

자신이 남들만큼 뛰어나지 않다는 생각, 자신이 약하고 무능한 존재라는 생각은 삶의 전체 수준을 낮추고 능력을 마비시킨다.

자립적이고 긍정적이고 낙관적이며 성공에 대한 확신을 가지고 자신의 일을 수행하는 사람은 자신에게 있는 조건을 자석으로 만든다. 그는 "있는 자는 받아 더 풍성하게 될 것이다"라는 약속의 문자 그대로 성취를 자신에게 끌어당긴다.

우리가 하고자 하는 역할을 맡고 그 역할을 훌륭하게 해내는 것에 모든 것이 있다. 큰일을 하고자 하는 야망이 있다면 스스로 큰 프로그램을 만들고 그 프로그램이 요구하는 역할을 맡아야 한다.

자신에 대해 크고 진실하게 평가하고 자신이 이길 것이라고 믿는 사람에게는 타격이 가해지기 전에 전투의 절반을 이기는 무언가가 있다. 활기차고 긍정적인 사람이 가는 길에는 자기비하적이고 부정적인 사람을 언제나 넘어지게 하는 장애물이 없다.

우리는 종종 어떤 사람에 대해 "그가 하는 일은 모두 성공한다" 또는 "그가 만지는 것은 모두 황금으로 변한다"라는 말을 듣는다. 그런 사람은 인격의 힘과 생각의 창조적 힘으로 가장 불리한 상황에서도 성공을 거둔다. 자신감은 자신감을 낳는다. 그는 존재 자체로 승리의 분위기를 풍기고, 확신을 발산하며, 다른 사람에게 자신이 시도하는 일을 해낼 수 있다는 자신감을 심어준다. 시간이 지나면서 그의 생각의 힘뿐만 아니라 그를 아는 모든 사람의 생각에 의해 힘이 더 커진다. 친구와 지인들은 그의 성공 능력을 긍정하고 재확인하며, 성공할 때마다 이전보다 더 쉽게 성취할 수 있도록 돕는다. 그의 평정심, 확신, 자신감, 능력은 그가 성취한 업적에 정비례하여 증가한다. 인디언이 정복한 적의 힘이 자기 안에 들어온다고 생각했듯이, 실제로 전쟁, 평화 시의 산업, 상업, 발명, 과학 또는 예술에서의 모든 정복은 정복자가 다음 일을 할 수 있는 힘을 더한다.

성취하고자 하는 목표를 향해 단호하고 확실하게 마음을 정하고, 그 목표를 달성할 때까지 지구상의 어떤 것도 당신을 목표에서 멀어지게 할 수 없게 굳은 의지를 다져보라.

이러한 우월성의 주장, 힘의 가정, 자신에 대한 믿음의 확인, 성공을 양도할 수 없는 타고난 권리로 주장하는 정신 태도는 사람 전체를 강화하고 의심, 두려움, 자신감 부족이 약화시키는 능력의 조합에 힘을 부여한다.

자신감은 정신이라는 군대의 나폴레옹이다. 그것은 다른 모든 능력을 두 배, 세 배로 증가시킨다. 정신이라는 군대는 자신감이 길을 인도할 때까지 기다린다.

경주마도 한 번 자신감을 잃으면 우승할 수 없다. 자신감에서 비롯된 용기는 예비력을 끝까지 끌어내는 촉매제이다.

많은 사람이 실패하는 이유는 어떤 대가를 치르더라도 반드시 이기겠다는 결심을 하지 않기 때문이다. 그들은 뒤돌아보지 않고 모든 다리를 불태워버리는 자신에 대한 탁월한 자신감이 없다. 성공할 것이라는 확신이 없기 때문에 동력을 잃어버린다. 그저 잘하는 것과 자신의 모든 역량을 쏟아붓는 것의 작은 차이가 평범함과 위대한 업적의 차이를 만든다.

만약 당신이 하고자 하는 일을 할 수 있다는 능력을 의심한다면, 다른 사람이 나보다 더 잘할 수 있다고 생각한다면, 자신을 드러내고 기회를 잡는 것을 두려워한다면, 대담함이 부족하다면, 소심하고 위축되는 성격이 있다면, 부정적인 단어가 어휘에서 우세하다면, 긍정성, 주도성, 적극성, 능력이 부족하다고 생각한다면, 정신 태도 전체를 바꾸고 자신에 대한 큰 믿음을 갖는 법을 배우기 전까지는 결코 위대한 것을 얻을 수 없다. 두려움, 의심, 소심함을 마음에서 몰아내야 한다.

자신에 대해 그리는 정신적 그림은 자신과 자신의 가능성에 대한 좋은 척도이다. 마음에서 뻗어나가지 않고, 대담한 정신이 없고, 확고한 자기 믿음이 없다면 결코 많은 것을 성취할 수 없다.

사람의 자신감은 가능성의 높이를 측정한다. 시냇물은 그 근원보다 더 높이 올라갈 수 없다.

힘은 인생의 위대한 목적이라는 목표와 짝을 이루어 야망의 선을 따라 강하고 활기차고 끊임없이 뻗어나가는 생각의 문제이다. 힘은 생각에서 시작된다.

행동은 생각 속에 살아 있지 않으면 현실이 될 수 없다. 우리가 하고자 하는 일에 대한 강하고 활기찬 개념이 엄청난 첫걸음이다. 소심하게 태어난 생각은 소심하게 실행될 것이다. 계획의 구상에는 활력이 있어야 하며, 그렇지 않으면 실행은 소극적으로 될 것이다.

세상의 모든 위대한 업적은 한동안 빛이 보이지 않던 절망 속에서 간직했던 꿈과 희망, 즉 갈망에서 시작되었다. 이러한 갈망은 오랫동안 꿈꿔온 정신적 비전이 실현될 때까지 용기를 북돋우며 자기희생을 수월하게 해주었다.

"네 믿음대로 되리라." 우리의 믿음은 우리가 삶에서 얻는 것을 측정하는 아주 좋은 척도이다. 믿음이 약한 사람은 적은 것을 얻고, 믿음이 강한 사람은 많은 것을 얻는다.

자신이 시도하는 일을 해낼 수 있다는 자신감의 강도는 분명 성취의 정도와 관련이 있다.

자수성가한 많은 사람의 놀라운 성공을 분석해 보면, 그들은 사회생활을 시작할 때 자신감 있고 활기찼으며, 자신의 일을 해낼 수 있다는 생각과 믿음을 끈질기게 갖고 있었다는 것을 알 수 있다. 그들의 정신 태도는 목표를 향해 고집스럽게 설정되어 있었기 때문에, 자기를 낮게 평가하고 요구하지도 기대하지도 않는 사람들을 괴롭히고 방해하고 겁내게 하는 의심과 두려움에서 벗어나 있었다. 그리고 세상은 그들을 위해 길을 내주었다

우리는 어떤 분야에서든 유별나게 성공한 사람을 운이 좋았다고 생각하는 경향이 있으며, 그 이유를 온갖 방법으로 설명하려고 노력하지만 정답은 없다. 사실 그들의 성공은 자신에 대한 기대치, 즉 창의적이고 긍정적이며 습관적인 사고의 총합을 나타낸다. 그것은 그들의 정신 태도가 환경 속에서 구체화되고 가시화된 것이다. 그들은 건설적인 사고와 자신에 대한 꺼지지 않는 믿음으로 자신이 가진 것을 창조해냈다.

우리는 성공할 수 있다고 믿어야 하며, 그것도 전심으로 믿어야 한다.

우리는 성공할 수 있다고 적극적으로 확신해야 한다.

미지근한 에너지나 냉담한 야망으로는 아무것도 이룰 수 없다. 우리의 기대, 믿음, 결심, 노력에는 활력이 있어야 한다. 우리는 일을 이루는 에너지로 결심해야 한다.

우리는 갈망하는 대상에 대한 열망을 가장 높이 두어야 할 뿐만 아니라 목표를 달성하기 위한 노력의 강도를 강하게 집중해야 한다.

철광석을 녹여 결합하거나 모양을 만드는 것이 열의 맹렬함이고, 가장 단단한 물질인 다이아몬드를 녹이는 것이 전기의 강렬함이듯이, 집중된 목표, 불굴의 목적이 성공을 가져온다. 반쪽짜리 열망으로는 아무것도 이룰 수 없다.

많은 사람이 인생에서 형편없는 모습을 보이는 것은 그들의 노력에 의욕과 활력이 없기 때문이다. 그들의 결심에는 의지가 없고, 노력에는 근성이 없으며, 야망에는 투지가 없다.

절대 뒤돌아보지 않으며 패배라는 것을 모른다는 결단, 모든 다리를 불사르고 모든 것을 기꺼이 걸고 노력하는 결의가 있어야 한다. 어떤 사람이 자신을 믿지 않고 싸움을 포기할 때, 당신은 그가 잃어버린 것, 즉 자신에 대한 믿음을 회복하는 것 외에 그를 위해 해줄 수 있는 것이 많지 않다. 당신은 그가 바라는 바와 상관없이 그의 일을 아무렇게나 결정해버리는 어떤 신비한 운명이 있다는 생각을 그의 머릿속에서 빼낼 수 없다. 자신이 어떤 운명보다 더 크다는 것, 자신의 외부에 있는 어떤 힘보다 더 강력한 힘이 자신 안에 있다는 것을 그가 이해하기 전에는 그에게 해줄 수 있는 게 많지 않다.

우리 대부분의 경력이 그토록 빈약하고 협소한 이유 중 하나는 우리 자신과 우리의 성취력에 대한 믿음이 크지 않기 때문이다. 우리는 지나친 조심성에 사로잡혀 있다. 우리는 모험에 소심하다. 우리는 충분히 대담하지 않다.

우리가 동경하고, 갈망하고, 애쓰고, 끈질기게 마음속에 간직하는 것이 무엇이든, 우리는 그 생각의 강도와 지속성에 정확히 비례해 변하는 성향이 있다. 우리는 아래를 바라보며 자신을 작고 열등하게 생각한다. 우리는 위를 바라봐야 우월함이 있는 높은 곳에 도달할 수 있다. 성취를 향해 마음을 굳게 세운 사람은 성공을 몰래 가져다 쓰지 않는다. 그는 성공 그 자체이다.

자신감은 지나친 자기애(egotism)가 아니다. 그것은 지식이며, 자신이 수행하는 일에 필요한 능력을 소유하고 있다는 의식에서 비롯된다. 오늘날의 문명은 자신감 위에 서 있다.

확고한 자기 믿음은 거의 저항할 수 없는 힘으로 자신을 드러내게 한다. 비교하는 사람, 의심하는 사람은 자신을 드러낼 힘이 없다. 시작한다고 해도 확신 없이 움직인다. 그의 주도권에는 활력이 없고 그의 에너지에는 적극성이 없다.

"아마도" 할 수 있다고 생각하거나 어떤 일을 "시도할 것"이라고 하는 사람과, 할 수 있다고 "믿고" 그것을 "해야만" 하는 사람 사이에는 큰 차이가 있다. 그는 어떤 비상사태도 대응할 수 있는 저항할 수 없는 힘을 자신 안에서 느낀다.

불확신과 확신, 흔들림과 결단, 망설이는 사람과 결정하는 사람, "하고 싶다"와 "할 수 있다", "시도해 볼게"와 "나는 할 것이다"의 작은 차이가 약함과 강함, 평범함과 탁월함, 보통과 우월함 사이의 거리를 결정짓는다.

일을 하는 사람은 강력한 힘으로 자신을 드러낼 수 있어야 하고, 자신의 존재 전체를 일에 던져 넣을 수 있어야 하며, 자신에게 닥친 장애물에 맞서 끊임없이 추진력을 모아야 하고, 모든 문제에 주저 없이 전적으로 대처해야 한다. 흔들리고 의심하고 불안정한 마음으로는 이것들을 할 수 없다.

다른 사람은 불가능하거나 매우 어렵다고 보는 일을 자신은 할 수 있다고 암묵적으로 믿는 것은 그 안에 그 일을 처리할 수 있는 무언가가 있다는 것을 보여준다.

믿음은 인간과 하느님을 하나로 묶는다. 하느님과 하나가 되어 일하지 않으면 누구도 인생에서 위대한 일을 성취할 수 없다. 사람이 신성한 임재를 항상 느낄 정도로 하느님과 가까이 살면, 그는 하느님의 힘을 표현할 수 있는 위치에 있게 된다.

자신을 믿는 것만큼 자신의 능력을 배가시키는 것은 없다. 한 가지 재능을 가진 사람일지라도 자신에 대한 믿음이 있으면 성공할 수 있지만, 믿음이 없으면 열 가지 재능이 있는 사람일지라도 실패할 것이다.

믿음은 산꼭대기에서 걷기 때문에 시야가 뛰어나다. 따라서 계곡을 따라가는 사람에게는 보이지 않는 것을 볼 수 있다.

콜럼버스가 스페인 내각의 비웃음과 모욕을 견딜 수 있었던 것은 강력한 자기 믿음의 힘이었다. 선원들이 반란을 일으켜 미지의 바다에서 배에 갇혀 있을 때 그를 지탱하게 하고, 매일 일기에 "오늘 우리는 우리의 항로인 서쪽으로 향했다"라고 적으며 자신의 목적을 꾸준히 지킬 수 있었던 것도 바로 이 강력한 자기 믿음의 힘 덕분이었다.

풀턴이 클레르몽호에서 허드슨강을 거슬러 오르는 첫 번째 여행을 시도할 수 있었던 용기와 결단력을 준 것도 바로 이러한 자신에 대한 믿음이었다. 수천 명의 시민이 모여서 그의 실패를 예상하고 소리 지르며 야유했다. 전 세계가 반대했지만 그는 자신이 시도한 일을 해낼 수 있다고 믿었다.

자신감이 얼마나 기적을 일으키는지! 자신감이 불가능한 일들을 얼마나 많이 해내는지! 자신감은 듀이를 대포와 어뢰, 기뢰를 뚫고 마닐라만에서 승리하게 했고, 패러굿이 전함의 삭구를 한 줄로 묶어서 모빌만에서 적의 방어선을 뚫고 항해하게 했으며, 넬슨과 그랜트를 승리하게 했고, 발명, 발견, 예술의 세계에서 위대한 강장제 역할을 했으며, 의심하는 사람들과 마음이 약한 사람들이 불가능하다고 여겼던 전쟁과 과학에서 수많은 승리를 거두게 했다.

자신에 대한 믿음은 시대를 초월하는 기적의 힘이다. 믿음이 없었다면 완전히 낙담했을 고난과 시련 속에서도 발명가와 발견자들이 계속 나아갈 수 있게 해주었다. 그 덕분에 수많은 영웅이 영광스러운 업적을 이룰 때까지 자신의 임무를 완수할 수 있었다.

우리 안에 있는 유일한 열등감은 바로 자신에 대한 열등감이다. 우리가 우리의 신성을 더 잘 이해한다면 우리는 용감한 영혼을 구별하는 이 더 큰 믿음을 가져야 한다. 우리는 자신을 스스로 작게 생각한다. 우리가 위를 향한다면 우월함이 있는 높은 곳에 도달할 것이다.

아마도 자신을 낮게 평가하는 것만큼 사람을 주저앉히는 것도 없을 것이다. 그는 자신이 한계가 있다는 생각과 비효율적이라는 어리석은 신념 때문에 더 많은 장애물을 만난다. 왜냐하면 할 수 없다고 생각할 때 그 일을 할 수 있게 도와주는 힘이 이 우주에는 없기 때문이다. 자기 믿음이 앞서야 한다. 스스로 설정한 한계를 넘어설 수는 없다.

자신의 위대함과 장엄함을 진정으로 믿는 것, 더 높고 고귀한 것에 대한 갈망이 현실에 근거가 있거나 어떤 실제적이고 궁극적인 목적이 있다고 믿는 것은 인간에게 가장 어려운 일 중의 하나이다. 그러나 사실 그것은 대응할 능력, 즉 현실로 만들 힘이 있다는 징표이다. 그것은 우리 안에 있는 신성의 꿈틀거림이며, 더 나은 것을 향한, 더 높은 곳을 향한 부름이다.

자기 믿음이 생겨나기 전까지, 더 높고 고귀한 자아를 엿보기 전까지,

자신의 야망과 열망이 이상에 도달하도록 자신을 괴롭히는 힘의 증거라는 사실을 깨닫기 전까지, 어떤 사람도 세상에서 큰 힘을 발휘하지 못한다. 창조주께서는 겨울에 남쪽으로 날아가고자 하는 본능이 있는 새들에게 그 본능에 걸맞은 햇살 가득한 남쪽을 주지 않으시는 조롱을 하지 않으신다. 마찬가지로 그분은 우리에게 이상을 실현할 능력과 기회를 주지 않으면서 성취에 대한 무한한 열망을 부으시는 조롱을 하지 않으신다.

인생에서 일어나는 모든 일의 원인은 내 안에 있다. 그곳이 모든 일이 만들어지는 곳이다. 당신이 갈망하고 노력하는 것은 당신의 생각이 그것을 창조했기 때문이다. 그것을 끌어당기는 무언가가 당신 안에 있기 때문에 당신에게 온다. 당신 안에 그것에 대한 친화력이 있기 때문에 온다. 당신의 것이 당신에게 온다. 항상 당신을 찾고 있다.

어떤 분야에서든 남다른 성공을 거둔 사람을 볼 때마다 그는 자신의 위치에 대해 스스로 생각했고 그의 정신 태도와 에너지가 그 성공을 만들었다는 것을 기억하라. 그가 속한 공동체에서 그가 나타내는 것이 삶, 동료, 소명, 자신에 대한 태도에서 왔다는 것을 기억하라. 무엇보다 그의 성공은 자기 믿음과 내면에 대한 시각의 결과이며, 자신의 능력과 가능성에 대한 평가의 결과이다.

세상에서 위대한 업적을 남긴 사람은 모두 자신에 대한 깊은 믿음이 있었다.

미국의 젊은이에게 단 한마디 조언을 한다면 그것은 바로 "온 힘을 다해 자신을 믿으라"라는 것이다. 즉, 자신의 운명은 자신에게 있으며, 자기 안에 어떤 힘이 있다는 것을 믿으라. 당신이 깨어나고 각성하고 계발하는 것을 정직한 노력과 함께한다면, 그 힘은 당신을 고귀한 남성 또는 여성으로 만들 뿐 아니라 성공하고 행복하게 만들 것이다.

우리는 성경이 전체에 걸쳐 기적을 만드는 믿음의 힘을 강조하는 것을 발견한다. 자신에 대한 믿음은 자기 앞을 가로막는 장애물을 제거하거나 그 장애물이 하찮게 보이는 힘이 자기 안에 있다는 것을 보게 한다.

믿음은 영혼의 무한한 가능성을 볼 수 있는 문을 열어주고, 영혼 안에는 정복할 수 없는 힘이 있다는 것을 보여준다. 우리는 전능함을 만났고 사물의 위대한 근원을 보았기 때문에 계속 나아갈 용기를 얻을 뿐만 아니라 힘이 더해졌다는 의식을 크게 느낀다.

믿음은 우리 안에 무언가가 있다고 추측하는 것이 아니라 아는 것이다. 믿음은 우리의 거친 자아, 즉 우리의 동물적 본성이 볼 수 없는 것을 보기 때문에 안다. 믿음은 우리 안에 있는 선지자이며, 인생을 통해 인간과 동행하며 인간을 인도하고 격려하도록 임명된 신성한 메신저이다. 믿음은 인간이 낙심하지 않도록, 인생의 상승 투쟁을 멈추지 않도록 그의 가능성을 볼 수 있게 한다.

믿음은 우리가 볼 수 없는 것을 보기 때문에 안다. 믿음은 의심과 두려움이 우리의 눈을 가려 보지 못하는 자원, 능력, 힘을 본다. 믿음은 탈출구를 보기 때문에 확신하고, 결코 두려워하지 않으며, 문제의 해결책을 본다. 믿음은 우리의 더 고귀한 삶의 영역, 더 높고 신성한 왕국에 발을 딛고 있다. 믿음은 성취를 의미하는 힘을 보고 인식하기 때문에 믿음이 있는 사람에게는 모든 것이 가능하다. 하느님과 자신에 대한 믿음이 있다면 우리는 모든 어려움의 산을 제거할 수 있으며, 우리의 삶은 야망의 목표를 향한 승리의 행진이 될 것이다.

믿음이 충분하다면 우리는 모든 질병을 치료하고 우리의 가능성을 최대한으로 성취할 수 있다.

믿음은 결코 실패하지 않는다. 믿음은 기적을 일으키는 일꾼이다. 믿음은 모든 경계를 넘고 모든 한계를 초월하며 모든 장애물을 뚫고 목표를 본다.

의심과 두려움, 소심함과 비겁함은 우리가 숭고한 일을 할 수 있음에도 우리를 붙잡아 평범하고 사소한 일에 머물게 한다.

믿음이 충분하다면 우리는 지금보다 훨씬 더 빨리 하느님을 향해 달려갈 것이다.

모든 인간이 무한한 믿음을 가지고 이기는 삶을 살게 될 때가 올 것이다. 그러면 세상에는 가난도 없고 실패도 없으며, 삶의 불화도 모두 사라질 것이다.

26장

이번에도 실패할 것으로 생각될 때

당신이 만약 작년에 일을 망쳤다면, 실패했다고 생각한다면, 허둥대고 실수하고 어리석은 짓을 많이 했다면, 속아서 무모한 투자를 하고 시간과 돈을 낭비했다면, 앞으로는 이런 유령들을 끌어들여 당신을 방해하고 행복을 파괴하지 않도록 해야 한다.

어쩔 수 없는 일을 염려하느라 에너지를 낭비하지 않았는가? 이런 일로 인해 활력을 잃거나 시간을 낭비하거나 행복을 파괴하는 일을 더 이상 하지 않도록 하라.

쓰라린 경험, 실수, 불행한 잘못 또는 우리를 걱정하고 효율성을 떨어뜨리게 하는 기억에 대해 할 수 있는 단 한 가지 방법은 그것을 잊고 묻어버리는 것이다!

오늘은 어제를 버리고 쓰라린 기억을 잊는 "저급한 과거를 벗어나기에" 좋은 시간이다.

고통스럽고 도움이 되지 않는 과거의 모든 것에 문을 닫겠다고 결심하라. 당신을 방해하고, 당신을 뒤로 물러나게 하고, 당신을 불행하게 만드는 모든 것에서 벗어나라. 쓸모없는 짐을 모두 버리고, 당신의 발전을 방해하는 모든 것을 버리라.

깨끗한 백지상태의 마음으로 내일을 맞으라. 과거에 저당 잡히지 말고 절대 뒤를 돌아보지 마라.

더 잘해야 했는데 하지 못했다고 자책하는 것은 아무 소용이 없다.

불쾌한 주제나 쓰라린 기억을 불러일으키고 자신에게 나쁜 영향을 주는 생각이나 암시를 마음속에서 추방하는 습관을 기르라.

불쾌하고 불행했던 기억을 지우는 것을 생활 규칙으로 삼아야 한다. 우리를 방해하고 고통스럽고 불쾌하게 만드는 것들을 잊어야 하며, 고통스러운 상황의 끔찍한 그림이 다시는 마음에 들어오지 않게 해야 한다. 불쾌하고 해로운 경험에 대해 할 수 있는 단 한 가지는 바로 잊어버리는 것이다!

가치 있는 일을 하는 사람일지라도 삶에 낙담하는 바람에 뒤돌아가는 것이 계속 나아가는 것보다 쉽다고 생각할 때가 많다. 그러나 후퇴에는 승리가 없다. 나약함, 우유부단함, 낙담을 부추기는 후퇴를 위한 길을 열어두어서는 안 된다. 우리가 감사해야 할 것이 있다면, 극복할 수 없을 것 같은 장애물이 우리를 가로막을 때에도 우리에게는 계속 나아갈 수 있는 용기와 끈기가 있다는 것이다.

대부분의 사람에게는 자신이 최악의 적이다. 우리는 악의에 찬 생각과 불행한 기분으로 인생이라는 게임을 "망치고" 있다. 모든 것은 우리의 용기, 자신에 대한 믿음, 희망적이고 낙관적인 전망을 유지하는 데 달려 있다. 그런데도 일이 잘못될 때마다, 실망스러운 날이나 불쾌한 경험, 손실이나 불행을 겪을 때마다, 우리는 도자기 가게에 들어온 황소처럼 무너뜨리는 생각, 의심, 두려움, 낙담으로 우리의 정신을 찢어버린다. 그 결과 우리는 수년간 쌓아온 일들을 깨뜨리고 파괴해 처음부터 다시 시작해야 할 수도 있다. 우리는 종종 우물 안 개구리처럼 일하고 생활한다. 즉, 올라갔다가 다시 떨어져 얻은 것을 모두 잃곤 한다.

사람에게 일어날 수 있는 최악의 일 중 하나는 자신이 불운하게 태어났고 운명이 자신에게 불리하게 작용한다고 생각하는 것이다. 하지만 운명은 우리의 사고방식 바깥에 존재하지 않는다. 우리가 우리의 운명이다. 우리는 우리의 운명을 통제한다.

어떤 사람을 쓰러뜨리고 다른 사람을 일으켜 세우는 숙명이나 운명은 없다. "우리가 아랫사람인 것은 우리의 별자리에 있는 것이 아니라 우리 탓이다"라고 인정하는 사람이 승리한다. 자신이 열등하다고 인정하는 사람은 열등한 위치를 차지한다. 왜냐하면 그는 가장 좋은 것은 다른 사람을 위해 마련된 것이라고 생각하기 때문이다.

되고 싶고 하고 싶은 것을 확언하면 자신감이 높아지는 것과 비례해 능력도 높아지는 것을 알게 될 것이다.

다른 사람이 당신의 능력에 대해 어떻게 생각하든, 당신은 원하는 것을 할 수 있고 원하는 대로 될 수 있다는 것을 의심하지 마라. 가능한 모든 방법으로 자신감을 높이라. 그리고 당신은 자기 암시의 힘을 통해 놀라운 수준으로 자신감을 높일 수 있다.

자신에게 힘차고 진지하게 말하는 이러한 형태의 암시는 같은 것을 생각하는 것보다 잠재의식 속에 있는 힘을 더 효과적으로 일깨우는 것 같다.

소리 내어 하는 말에는 같은 말을 머릿속으로 되뇌는 것으로는 자극되지 않는 힘이 있다. 특히, 깊이 생각하고 마음을 집중하는 훈련을 받지 않은 경우, 소리 내어 하는 말은 때로 우리 안에 잠자고 있는 에너지를 일깨운다. 인쇄된 페이지에서 눈을 통과하여 습득되는 단어가 같은 단어를 생각할 때보다 뇌에 더 큰 인상을 남기는 것처럼, 자연물을 보는 것이 그것에 대해 생각하는 것보다 마음속에 더 오래 남기는 것처럼 말이다. 진지하고 격렬하게 발화된 말에는 생생함, 어떤 힘이 동반되는데, 이는 단순히 그 단어가 무엇을 표현하는지 생각하는 것만으로는 알 수 없다. 자신에게 굳은 결심을 큰 소리로, 힘차게, 심지어 격렬하게 반복하면 침묵 속에서 결심하는 것보다 현실로 이어질 가능성이 더 높다.

우리는 소리 내지 않고 하는 생각에 익숙해져 있기 때문에, 그 생각을 소리 내어 말하고 열망을 소리로 표현하는 것이 훨씬 더 깊은 인상을 남긴다.

소리로 자신을 격려하는 치료는 우리의 약점을 바로잡고 결핍을 극복하는 데 놀라운 결과를 가져올 수 있다.

자신을 초라하고 편협하고 열등하게 생각하지 마라. 자신을 약하고 비효율적이고 병든 존재로 생각하지 말고, 완벽하고 완전하고 유능한 존재로 생각하라. 인생에서 실패하거나 부분적으로 실패할 가능성조차 생각하지 마라. 실패와 불행은 자신의 신적인 면을 본 사람, 신과 접촉한 사람에게는 해당되지 않는다. 그것은 자신의 신과 같은 자질을 발견하지 못한 사람들을 위한 것이다.

세상에는 당신을 위한 자리가 있으며, 당신은 남자답게 그 자리를 차지할 것이라고 단호하게 주장하라. 위대한 것을 기대하도록 자신을 훈련하라. 평생 작은 일만 할 것이라는 생각을 당신의 태도에서 인정하지 않도록 하라.

건강, 체력, 힘, 효율성에 대한 끊임없는 긍정으로 정신력이 높아지는 것은 놀라운 일이다. 이것이 강한 남자를 만드는 생각과 이상이다.

자신을 최대한 활용하는 방법은, 일을 피하지 않고 스스로 직면해 자신을 거칠게 다루고, 훌륭한 능력을 가지고 있지만 그 절반도 사용하지 않는 당신의 아들에게 하듯이 자신에게 말하는 것이다.

어떤 일에 착수할 때 자신에게 이렇게 말하라. "이제 이 일은 나에게 달려 있다. 나는 이 일을 잘해내야 한다. 이것을 통해 내가 남자인지 겁쟁이인지 드러날 것이다. 후퇴는 없다."

이런 식의 자기 암시가 얼마나 빨리 자신을 다잡고 새로운 정신을 불어넣는지 알게 되면 놀랄 것이다.

나에게는 자신에게 말함으로써 훌륭하게 일어난 친구가 있다. 그는 자신이 해야 할 일을 다하지 못한다고 느낄 때, 어리석은 실수를 했다고 느낄 때, 어떤 거래에서 좋은 감각과 판단을 사용하지 않았다고 느낄 때, 체력과 야망이 나빠지고 있다고 느낄 때, 가능하면 혼자 시골이나 숲으로 떠나서 이런 식으로 자신과 좋은 마음의 대화를 나눈다.

"이봐, 친구. 자네는 지금 좋은 대화로 마음을 다잡을 필요가 있어. 점점 싫증을 내고 있고, 기준도 낮아지고, 이상도 무뎌지고 있으며, 무엇보다 최악인 것은 일을 제대로 하지 못하거나 옷차림에 부주의하고 태도에 무관심할 때 예전처럼 괴로움을 느끼지 못한다는 것이야. 자네는 잘하고 있지 않아. 이러한 무기력, 관성, 무관심은 조심하지 않으면 경력에 심각한 타격을 줄 수 있어. 진취적이지 못하고 최신 정보를 습득하지 않기 때문에 좋은 기회를 놓치고 있단 말이야."

"요컨대 자네는 지금 게을러지고 있어. 일을 쉽게 처리하는 것을 좋아해. 에너지가 고갈되고 기준이 낮아지고 야망이 새도록 방치하는 사람은 많지 않아. 이봐, 친구. 나는 자네가 역량을 충분히 발휘할 때까지 계속 자네를 쫓아다닐 거야. 이런 식의 안일한 방식으로는 결코 처음에 세운 목표에 도달할 수 없어. 자신을 아주 면밀히 관찰하지 않으면 뒤처지게 될 거야."

"자네는 지금 하는 것보다 훨씬 더 잘할 수 있어. 지금보다 더 큰 성과를 내겠다는 굳은 결심으로 오늘을 시작해야 해. 오늘을 기억할 만한 날로 만들어야 해. 스스로 다독이고, 머릿속의 거미줄을 걷어내고, 뇌의 찌꺼기를 털어내라고. 목표를 위해 생각하고, 생각하고, 또 생각하라고! 이렇게 맥이 빠져 멍하니 있지 말고! 반만 살아 있을 뿐이니 어서 정신 차리라고!"

이 친구는 자신의 기준이 낮아지고 게을러지고 무관심해지고 있다고 느낄 때면 자신을 더 높은 수준으로 끌어올려 그날과 맞추기 위해 매일 아침 "자신을 질책한다"라고 말한다. 이것이 그가 제일 먼저 신경 쓰는 부분이다.

그는 가장 하기 싫은 일을 먼저 하도록 자신에게 강요하고, 어려운 문제를 건너뛰는 것을 용납하지 않는다. "자, 겁쟁이가 되지 말라고"라고 자신에게 말한다. "다른 사람이 이 일을 해냈다면 너도 할 수 있어."

수년간의 엄격한 훈련을 통해 그는 놀라운 일을 해냈다. 그는 아무도 관심을 가져주거나 격려해주거나 도와주지 않는 뉴욕의 빈민가 소년으로 시작했다. 어렸을 때는 학교 교육을 받을 기회가 거의 없었지만, 21살이 되던 해부터 스스로 훌륭한 교육을 받았다. 나는 이 청년처럼 자기 승리, 자기계발, 자기 훈련, 자기 교양에 대해 그토록 활발한 노력을 들인 사람을 본 적이 없다.

처음에는 자신에게 말하는 것이 이상하게 보일지 모르지만, 모든 결함을 고치는 데 의존할 수 있을 정도로 많은 유익을 얻을 수 있다. 크든 작든 지속적인 청각적 암시에 굴복하지 않을 결함은 없다. 예를 들어, 당신은 선천적으로 소심하고 사람들을 만나는 것을 꺼릴 수 있으며 자신의 능력을 불신할 수 있다. 그렇다면 매일 혼잣말로 자신이 소심하지 않으며 오히려 용기의 화신이라고 확신시켜 주면 큰 도움이 될 것이다. 자신은 열등하거나 이상한 점이 없기 때문에 소심해야 할 이유가 없으며, 오히려 매력적이며 다른 사람 앞에서 행동하는 방법을 알고 있다고 스스로 확신하라. 다시는 자기 비하나 소심함, 열등감을 품지 않겠다고, 채찍질당하는 소처럼 기어다니는 대신, 왕이나 정복자처럼 행동하겠다고, 남자다움과 개성을 주장하겠다고 자신에게 말하라.

주도성이 부족하다면 일을 시작하고 끝까지 밀어붙일 수 있는 자신의 능력을 단호히 긍정하라. 그리고 기회가 생길 때마다 결심을 행동으로 옮기라.

자신에게 진실하고 강하고 끈질기게 확언한다면 용기, 자신감, 능력이 어떻게 향상되는지 알고서 깜짝 놀랄 것이다.

나는 자신의 중요성, 자신의 힘, 자신의 신성을 끊임없이 긍정하는 습관만큼 소심한 사람, 자신에 대한 믿음이 부족한 사람에게 도움이 되는 것을 알지 못한다. 문제는 우리가 자신에 대해 절반만 생각하고, 자신의 능력을 정확하게 측정하지 않으며, 자신의 가능성에 대해 올바른 평가를 내리지 않는다는 것이다. 우리는 자신 안에 있는 더 크고 신성한 인간을 보지 못하기 때문에 자신을 꾸짖고 비난하고 과소평가한다.

낙담하거나 자신이 실패자라고 생각될 때, 자신의 노력이 별 의미가 없다고 생각될 때, 이 실험을 시도해 보라. 그 방향으로 더 이상 가지 않겠다고 결심하라. 멈춰서서 다른 방향을 보고 다른 방향으로 가라. 당신이 실패자라고 생각할 때마다 당신의 생각은 삶의 패턴이 되며, 당신은 그것에서 벗어날 수 없기 때문에 당신과 하나가 되는 데 일조한다. 당신은 당신의 이상, 당신이 자신에 대해 가지고 있는 기준에서 벗어날 수 없다. 당신이 실패자라고 생각하고, 가치 있는 일을 할 수 없으며, 불운하고, 다른 사람과 같은 기회를 얻지 못한다고 인정한다면, 당신의 신념이 결과를 지배할 것이다.

세상에서 소중히 여기는 모든 것, 평생 노력한 모든 물질적 결과를 잃었지만 강인한 마음, 불굴의 정신, 후퇴할 줄 모르는 결단력이 있기 때문에 잃기 전과 마찬가지로 진정한 실패와 거리가 먼 사람들이 수천 명이나 있다. 그들은 그런 부를 가지고 있기 때문에 결코 가난해질 수 없다.

많은 사람이 자신의 능력에 걸맞은 성공을 이루지 못하는 이유는 기분의 희생양이 되어 사람들과 사업을 쫓아내버리기 때문이다.

우리는 불쾌한 인상을 주는 그림을 피하듯 우울하고 침울한 사람을 피한다.

우리는 큰 야망을 가지고 있으면서도 "기분이 좋지 않다"거나 낙담하거나 "우울한" 날이 많기 때문에 매우 평범한 성과를 내는 사람을 어디서나 볼 수 있다.

변덕스러운 기질에 휘둘리는 사람은 결코 리더가 될 수 없으며, 사람들 사이에서 힘 있는 사람이 될 수 없다.

잘 훈련된 마음의 소유자라면 몇 분 안에 최악의 "우울함"을 완전히 물리칠 수 있지만, 우리 대부분은 마음의 가림막을 열고 쾌활함, 희망, 낙관주의의 햇살을 받아들이는 대신 가림막을 닫은 채 전력을 다해 어둠을 몰아내려고 한다. 이것이 문제이다.

최고의 기술은 우리의 적, 즉 편안함, 행복, 성공의 적을 마음에서 깨끗이 없애는 법을 배우는 것이다. 추한 것 대신 아름다운 것, 거짓 대신 진실, 불화 대신 조화, 죽음 대신 생명, 질병 대신 건강에 마음을 집중하는 법을 배우는 것은 대단한 일이다. 항상 쉬운 것은 아니지만 누구나 할 수 있다. 그러기 위해서는 능숙하고 올바른 사고 습관의 형성이 필요하다.

어둠을 막는 가장 좋은 방법은 삶을 빛으로 가득 채우고, 불화를 차단하고 조화를 채우고, 거짓을 가로막고 마음에 진실을 넣으며, 추함이 아니라 아름다움과 사랑을 생각하고, 상해서 시고 건강에 해로운 것을 없애고 달콤하고 건강에 좋은 것을 받아들이는 것이다. 서로 반대되는 생각이 동시에 마음을 차지할 수는 없다.

그렇게 느끼든 느끼지 않든 상관없이 나는 그렇게 느껴야 하며, 그렇게 느낄 것이고, 그렇게 느끼고 있으며, 나는 정상이며 최선을 다할 수 있다고 확언하라. 의도적으로 그렇게 말하고 힘차게 긍정하면 실현될 것이다.

이번에도 실패할 것 같다고 생각되거나 낙담해서 자신이 실패자라고 여겨지면 하느님이 모든 것을 만드셨기 때문에 실재하는 것은 모두 선하며, 선하지 않은 것처럼 보이는 것은 창조주와 같지 않으므로 실재할 수 없다고 힘차고 끈질기게 긍정하라. 이 긍정을 계속하라. 불행한 예감과 불리한 조건이 그 앞에서 녹아내리는 것을 보고 놀랄 것이다.

"우울한" 기분이 들 때면 목욕을 충분히 하고 옷을 잘 차려입은 후 자신에게 좋은 말을 건네보라. 우울함의 수렁에 빠져 괴로워하는 아이나 친구에게 하듯 진지한 태도로 자신과 대화하라. 당신의 마음을 괴롭히는 검고 끔찍한 그림들을 몰아내라. 우울한 생각이나 암시, 당신을 괴롭히는 쓰레기를 모두 쓸어버리라. 불쾌한 모든 것이 지나가도록 내려놓으라. 모든 실수, 과거의 모든 나쁜 기억에서 벗어나라. 평화와 행복의 적에 맞서 일어나 모든 힘을 다해 그것들을 몰아내라. 나는 무슨 일이 있어도 행복할 것이라고 다짐하라. 그러면 즐거워질 것이다.

냉정하게 보면, 멋진 기회와 우리를 기쁘게 하고 응원할 일로 가득한 이 아름다운 세상에서 마치 인생이 값진 혜택이 아니라 실망인 것처럼 슬프고 낙담한 얼굴로 돌아다니는 것은 매우 어리석은 일이며, 어쩌면 거의 범죄에 가까운 일이다. 자신에게 "나는 남자이고 남자의 일을 할 것이다. 그것은 나에게 달려 있고, 나는 그 상황을 직면할 것이다"라고 말하라.

평화와 행복의 적을 정복할 수 있고 모든 선한 것을 풍성하게 상속받을 수 있다는 믿음을 그 누구도, 그 무엇도 흔들지 못하게 하라.

불쾌하고 건강하지 않으며 죽음을 부르는 생각을 마음에서 지우는 습관을 일찍부터 형성해야 한다. 매일 아침 깨끗한 마음으로 시작해야 한다. 마음속 미술관에 있는 불협화음을 일으키는 모든 그림을 지우고 조화롭고 고양되며 생명을 주는 그림으로 바꿔야 한다.

낙담하고 지쳐서 "우울한" 기분이 들 때 그 이유를 찾아보면 과로, 과식 또는 어떤 식으로든 소화의 법칙을 위반하거나 어떤 종류의 악습관으로 인해 활력이 고갈된 상태라는 것을 알게 될 것이다.

"우울함"은 과도한 업무, 오랜 시간 지속되는 흥분 또는 과도한 신경 자극으로 인해 신경 세포가 지쳐서 발생하는 경우가 많다. 이 상태는 지친 신경 세포가 영양, 휴식 또는 재충전을 위해 울부짖기 때문에 발생한다. 많은 사람이 불규칙하고 잘못된 습관과 상쾌한 수면 부족에서 오는 신체적 피로 때문에 낙담과 우울함의 고통을 받고 있다.

"우울한" 기분이 들거나 낙담될 때는 가능한 한 환경을 완전히 바꾸도록 하라. 무슨 일을 하든 당신의 문제에 집착하거나 당신을 괴롭혔던 과거의 일을 생각하지 마라. 될 수 있는 한 가장 즐겁고 행복한 일을 생각하라. 다른 사람을 향해 가장 자비롭고 사랑스러운 생각을 품으라. 모든 사람에게 기쁨을 발산하기 위해 열심히 노력하라. 가장 친절하고 유쾌한 말을 하라. 곧 놀라운 고양감을 느끼기 시작할 것이다. 마음을 어둡게 했던 그림자가 사라지고 기쁨의 태양이 온몸을 환하게 밝힐 것이다.

당신이 당신의 야망에 적합하고 그 야망이 가능한 것을 가리키는 존재가 되겠다고 단호하고 끊임없이 긍정하라. "나는 언젠가 성공할 것이다"라고 말하지 말고 "내가 곧 성공이다. 성공은 나의 타고난 권리이다"라고 말하라. 미래에 행복해질 것이라고 말하지 마라. "나는 행복을 위해 태어났고, 행복을 위해 만들어졌으며, 지금 행복하다"라고 자신에게 말하라.

그러나 "나는 건강하다, 나는 번창한다, 나는 이것이다, 나는 저것이다"라고 긍정하지만 실제로 믿지 않는다면 긍정의 도움을 받지 못할 것이다. 당신은 긍정하는 것을 믿고 그것을 실현하려고 노력해야 한다.

당신이 필요로 하는 것, 당신이 간절히 원하는 자질을 실제로 소유하고 있다고 주장하라. 당신의 마음을 목표를 향해 강제로 밀어붙이라. 그리고 그 마음을 꾸준하고 끈질기게 유지하라. 이것이 바로 창조하는 정신이다. 의심하고 흔들리는 부정적 마음은 아무것도 창조하지 못한다.

월트 휘트먼은 "내가 곧 행운이다"라고 말했다. 우리는 되고자 하거나 얻고자 하는 것의 진정한 화신이며 갈망하는 좋은 것들을 소유하고 있다는 사실을 깨닫기만 해도, 비록 우리가 좋은 자질을 모두 갖추고 있지 않다고 할지라도 "나 자신이 바로 행운이다. 나의 진정하고 신성한 자아와 하늘의 아버지는 하나이기 때문에 나 자신이 우주의 창조적이고 지속하는 위대한 원리의 일부이다"라고 끊임없이 긍정하기만 해도, 지구상에서 수고하는 사람들에게 커다란 변화가 찾아오는 것을 보게 될 것이다!

27장

암시의 힘

 판유리된 창이 처음 사용되기 시작했을 때, 시인 로저스는 식당에서 실제로는 판유리로 된 문이었는데 창이 열렸다고 생각해 감기에 심하게 걸렸다. 그는 식사하는 동안 자신이 감기에 걸리고 있다고 생각했다. 그는 창문을 닫아달라고 말하지 못했다.

 우리는 암시가 건강과 관련이 많다는 것을 거의 알지 못한다. 다른 사람이 하는 말, 즉 얼굴이 매우 안 좋아 보인다거나 치명적인 질병을 물려받았다고 하는 암시의 말 때문에 심각한 병에 걸리거나 때로는 치명적인 병에 걸리는 경우가 무수히 많다.

 나는 최근에 뉴욕의 한 저명한 사업가로부터 어떤 건장한 청년의 친구들이 그 청년에게 했던 실험의 이야기를 들은 적이 있다. 아침에 출근하면서 각자 그에게 얼굴이 좋지 않다고 말하며 무슨 일인지 물어보도록 했다. 그들은 그의 의심을 불러일으키지 않는 방식으로 말하고 그 결과를 기록했다. 오후 1시에 이 건장한 청년은 그 암시에 큰 충격을 받아 일을 멈추고 아프다고 말하며 집으로 돌아갔다.

파리 병원에서는 최면 상태에 빠진 환자를 대상으로 정신적 암시에 의해 상처를 입히는 흥미로운 실험이 진행되었다. 예를 들어, 차가운 부지깽이를 팔다리에 대고 피실험자에게 뜨거운 인두로 화상을 입힌다고 말하니까 즉시 살이 심하게 탄 것처럼 변했다.

수술실에서 수술 도구만 봐도 완전히 쓰러지는 환자를 본 적이 있다. 마취를 하기 훨씬 전부터 칼이 베는 것을 느낄 수 있었다고 말하는 환자도 들었다.

환자들은 종종 소금을 물에 약하게 섞은 용액을 팔에 주사 받고 잠들곤 하는데, 그들은 이 주사를 모르핀이라고 생각하도록 유도 받는다. 경험이 많은 의사라면 암시만으로도 통증을 완화하거나 유발할 수 있다는 것을 알고 있다.

많은 의사가 환자를 유명 휴양지로 보내는 이유는 물이나 공기 때문이 아니라 사고의 완전한 전환이 가져다주는 기적을 경험하게 하기 위해서이다.

돌팔이 의사나 사기꾼도 아픈 사람의 희망을 자극하여 놀라운 치료법을 만들어 낼 수 있다.

간호사의 태도는 아픈 사람의 회복과 관련이 많다. 간호사가 환자가 회복될 것이라는 확신을 가지고 있다면, 그리고 그것을 단호히 긍정한다면 생명을 만드는 힘에 보탬이 될 것이다. 반면에 환자가 죽을 것이라는 확신을 가지고 있다면, 그는 그 신념을 전달할 것이고, 이것은 결과적으로 환자를 우울하게 만들 것이다.

우리는 깨어 있는 매 순간 암시의 영향을 받고 있다. 우리가 보고 듣고 느끼는 모든 것이 그 자체의 본질에 상응하는 결과를 낳는 하나의 암시이다. 암시의 미묘한 힘은 삶의 근원까지 도달해 영향을 미치는 것 같다.

기대하는 마음에 주는 암시의 힘은 종종 기적에 가깝다. 인생의 기회를 빼앗겼다고 생각해 수년간 고통받은 병자는 놀라운 효과가 있다고 광고하는 새로운 치료법에 열광한다. 그는 그 놀라운 치료법을 얻기 위해 모든 희생을 감수할 정도로 기대하는 상태에 있으며, 치료법을 받으면 빠르게 반응하고 그것이 마법의 약이라고 생각할 정도로 수용적인 분위기에 빠진다.

의사에 대한 믿음은 강력한 치료법이다. 많은 환자, 특히 무지한 환자들은 의사가 삶과 죽음의 열쇠를 쥐고 있다고 믿는다. 그들은 의사를 암묵적으로 신뢰하기 때문에 의사가 하는 말은 좋든 나쁘든 그들에게 강력한 영향을 미친다.

환자가 나아질 것이라는 긍정적 암시에서 나오는 치유력의 가능성은 엄청나다. 의사는 환자가 반드시 회복될 것이라고 끊임없이, 때로는 강력하게 안심시킬 것이다. 그는 환자의 내면에 전능한 치유력이 있다고 말할 것이다. 상처를 치유하고, 수면 중에 그를 상쾌하게 하고, 새롭게 하고 재생하는 과정에서 그 힘에 대한 힌트를 얻을 수 있다고 말할 것이다.

사람들이 환자에게 그가 얼마나 아픈지 끊임없이 상기시키는 동안에 환자가 나아지는 것은 거의 불가능하다. 그의 의지력과 모든 신체적 회복력을 합쳐도 아프다는 암시를 반복하는 과정이 내는 효과를 상쇄할 수는 없다.

많은 병실이 공포의 방이 되는 이유는 병실에 퍼져 있는 우울한 암시 때문이다. 병실은 햇빛과 환호, 격려로 가득 차 있기보다는 어둡고 하느님의 아름다운 햇빛이 차단되어 있으며, 환기가 잘되지 않고, 모두가 슬프고 불안한 표정을 짓고, 약병과 수술 도구가 널려 있고, 모든 것이 건강을 증진하고 희망을 불어넣기보다는 질병을 일으키기 위해 계산되어 있다. 그런 곳에는 건강한 사람을 아프게 만들기에 충분한 우울한 암시가 있다!

사람들에게 필요한 것은 격려, 고양, 희망이다. 그들의 자연적 저항력을 강화하고 발전시켜야 한다. 어려움이나 절망, 고통에 처한 친구에게 불쌍하다고 말하는 대신, 그를 낙담의 늪에서 끌어내어 내면에 잠재된 회복의 에너지를 일깨우라. 그에게 있는 하느님의 형상을 보여주라. 그 것은 위대한 불멸의 원리의 일부이기 때문에, 그는 결코 아프지 않고 결코 조화를 잃지 않으며 결코 불협화음이나 고통을 겪지 않는다.

달콤하고 아름답고 매력적인 인격의 암시는 전염성이 강해 때로는 주변 전체에 혁명을 일으키기도 한다. 우리는 영웅적 행동, 위대한 기록에 대한 암시가 어떻게 야망을 불러일으키며 다른 사람도 그렇게 하도록 에너지를 주는지 알고 있다. 잠깐의 대화, 작은 격려, 영감을 주는 책 한 권이 주는 암시로 많은 사람의 삶이 바뀌었다.

역사에 깊은 인상을 남긴 사람, 문명을 조금이라도 발전시킨 사람은 대부분 어떤 책이나 사람이 그의 가능성을 엿보게 해주고 내면의 힘을 느끼게 하는 암시를 주었기 때문에 야망이 불러일으켜 그 일을 성취할 수 있었다.

열등감에 대한 암시는 극복하기 가장 어려운 것 중 하나이다. 열등감이 인간성에 끼치는 피해와 그로 인해 망가진 삶을 누가 가늠할 수 있을까! 나는 어렸을 때부터 자신은 아무것도 할 수 없을 것이라고 끊임없이 암시함으로써 인생 경력 전체가 사실상 망가진 사람들을 알고 있다.

이러한 열등감 때문에 소심하고 수줍음을 많이 타며 자신에 대한 확신이 없어 자신의 개성을 주장하지 못한다.

내가 아는 한 대학생은 학급에서 가장 높은 인정을 받았는데, 그의 인생은 암시로 인해 거의 망가질 뻔했다. 그는 반 친구들이 그가 거위보다 더 품위가 없고 항상 매우 불쌍해 보인다고 말하는 것을 들었다. 그는 청중에게 그렇게 불행한 인상을 줄 것이기 때문에 어떤 상황에서도 그를 학급 연설자로 선출하지 않을 것이라고 말했다. 그는 특별한 능력을 가졌지만 극도의 조심성, 소심함, 수줍음 때문에 어색하고 때로는 거의 어리석어 보였다. 반 친구들의 험담을 듣지 않았더라면 의심할 여지 없이 훌륭하게 자랐을 것이다. 그는 자신이 정신적으로 열등하다고 생각했고, 이 믿음은 그 후로도 그를 계속 괴롭혔다.

사람의 목소리에는 얼마나 미묘한 힘이 있는지! 다양한 변조로 우리에게 어떤 감정을 불러일으키는지! 우리는 귀에 닿는 정열에 가득 찬 또는 사랑에 가득 찬 말에 웃고, 울고, 분노하고, 복수하는 등 감정이 한 극단에서 다른 극단으로 치닫는다. 음악가가 하프를 연주하듯 청중의 감정을 연주하는 위대한 연설가 앞에 숨죽이고 앉아 지금은 눈물을, 지금은 미소를, 지금은 파토스를, 지금은 분노를 불러일으킨다! 말이 그리는 힘은 놀라운 인상을 남긴다. 수천 명의 청중이 그가 암시하는 모든 것에 반응한다.

목소리는 우리의 감정과 정서를 가장 잘 드러낸다. 친구에게 사랑을 전할 때는 부드럽다. 하지만 동정심이라고는 전혀 없이 이득을 취하려고 하는 거래에서는 차갑고 이기적인 목소리가 나온다.

우리는 얼마나 부드러운 목소리에 매료되고 얼마나 거친 목소리에 거부감을 느끼는지! 우리는 개와 말조차도 사람의 다양한 목소리에 얼마나 민감하게 반응하는지 알고 있다. 개와 말은 애정 어린 말투를 알아듣고 안심하고 이에 반응한다. 그러나 주인의 분노에 찬 욕설에는 두려워하며 떤다.

어떤 사람은 특정한 음악적 긴장에 강하게 영향을 받아 깊은 우울증과 낙담에서 벗어나 황홀경에 빠지기도 한다. 그들은 청각 신경을 통해 감각을 느꼈을 뿐인데, 그 감각이 특정 뇌세포를 자극하고 일깨우고 활동하게 해 정신 전체를 변화시켰다.

음악은 혈압과 호흡에 결정적인 영향을 미친다. 지치고 걱정스러울 때 음악이 어떻게 우리를 진정시키고, 상쾌하게 하고, 휴식을 주는지 우리는 알고 있다. 감미로운 화음이 영혼을 가득 채우면 모든 근심, 걱정, 불안이 날아간다.

조지 엘리엇은 《플로스강의 물방앗간》에서 우리 중 일부가 마법의 주문에 걸렸을 때 종종 의심할 여지 없이 느꼈던 것을 말한다. "어떤 음악은 이상하게도 내게 영향을 미쳐서 한동안 나의 온 마음가짐을 바꾸지 않고서는 들을 수 없다. 만약 그 효과가 지속된다면 영웅이 될 수도 있을 것 같다"라고 말한다.

라티머와 리들리*를 비롯한 수백 명의 사람들은 실제로 기뻐하며 화형장으로 향했고, 구경꾼들은 맹렬한 화염의 눈부심 위로 그들의 얼굴에 비치는 형언할 수 없는 평화의 미소, 딱딱거리는 화염의 굉음 속에서 들리는 감사의 찬송에 경악을 금치 못했다.

"우리는 아프지 않아요. 왜냐하면 아플 수가 없기 때문이죠." 한 배우가 말했다. "패티와 다른 몇몇 스타들은 그런 사치를 누릴 수 있지만 우리 대부분은 그럴 수 없어요. 우리는 '그래야만 하는' 사람들이에요. 내가 집에 있거나 사적인 사람이라면 누구 못지않게 아플 권리를 갖고 침대에 누워 있을 수 있지만, 나는 그렇게 하지 않고 순전히 필요에 의해 병을 이겨냈어요. 의지력이 최고의 강장제라는 것은 허구가 아니며, 연극인들은 항상 충분한 양의 의지력을 비치해 두어야 한다는 것을 잘 알고 있습니다."

한 줄타기꾼은 허리 통증으로 거의 움직일 수 없을 정도로 아팠다. 하지만 출연 광고가 나간 후 그는 모든 의지력을 동원해 외바퀴 수레를 타고 줄을 여러 번 건넜다고 방송은 전했다. 그가 고통으로 몸을 웅크리고 침대로 옮겨야 했을 때, 그는 "얼어붙은 개구리처럼 몸이 뻣뻣"해졌다.

목매달아 죽으러 갔다가 우연히 돈다발을 발견한 가난한 사람이 밧

---

* 영국의 여왕 메리 1세에 의해 화형을 당한 두 명의 주교이다.

줄을 던지고 황급히 집으로 돌아왔다는 이야기를 어디선가 읽은 적이 있다. 금을 숨겨둔 사람은 금을 잃어버리자 다른 사람이 남긴 밧줄로 목을 맸다. 성공은 위대한 강장제이고 실패는 거대한 기능 저하제이다.

일반적으로 마음이 갈망하는 것을 성공적으로 달성하면 건강과 행복이 향상된다. 우리는 마음이 있는 곳에서 보물을 찾을 뿐 아니라 건강도 찾는다. 건강에 무관심했던 사람, 심지어 무기력했던 사람, 에너지와 결단력이 부족했던 사람이 어떤 대성공을 거둔 후 갑자기 생각지도 못했던 힘과 건강을 깨닫고 흥분한 것을 본 적이 있지 않은가? 부모나 친척의 갑작스러운 죽음으로 책임 있는 자리에 던져진 사람이나, 갑작스러운 재산 손실로 이전에는 불가능했던 일을 해야 했던 건강이 좋지 않은 사람도 마찬가지이다.

교육은 건강 강장제이다. 너무 홀쭉해서 버티기 힘들 것이라고 부모와 친구로부터 평가를 받던 허약한 소년과 소녀가 학교와 대학에서 건강이 좋아지는 경우가 많다. 다른 것이 같다면, 지적이고 교양 있고 교육받은 사람이 최고의 건강을 누린다. 같은 이유로 건강과 도덕 사이에는 밀접한 관계가 있다. 스스로 분열된 집은 버틸 수 없다. 무절제, 정조 위반 및 모든 종류의 악은 인간 경제에서 불협화음을 내는 음표이며 삶의 위대한 조화를 파괴하는 경향이 있다. 몸은 마음의 하인에 불과하다. 균형 있고, 교양 있고, 잘 훈련된 지성은 신체에 매우 강하게 반응해 신체를 조화롭게 만드는 경향이 있다. 반면에 약하고, 흔들리고, 일방적이고, 불안정하고, 무지한 마음은 궁극적으로 신체를 그와 동조하게 만든다. 모든 순수하고 고양된 생각, 선과 진실에 대한 고귀한 열망, 더 높고 더 나은 삶에 대한 마음의 갈망, 모든 고귀한 목적과 이타적 노력은 몸에 반응해 몸을 더 강하고 조화롭고 아름답게 만든다.

"사람은 마음먹은 대로 된다." 몸은 생각으로 만들어지고 모습을 띤다. 젊은 여성이 자신을 아름답게 만들려고 노력한다면 추함을 생각하거나 악의 괴물에 대해 생각하는 것으로 시작하지 않을 것이다. 왜냐하면 그들의 흉측한 이미지가 얼굴과 매너에 재현될 것이기 때문이다. 또한 자신을 우아하게 만들려고 어색한 연습도 하지 않을 것이다. 결함을 생각하면서 완벽에 도달하거나 불화를 통해 조화를 이룰 수 없는 것처럼 질병을 생각하면서 건강을 얻을 수는 없다.

우리는 건강과 조화에 대한 높은 이상을 항상 마음속에 간직해야 하며, 범죄의 유혹과 싸우듯 모든 불일치하는 생각과 모든 부조화와 싸워야 한다. 자신의 건강에 대해 사실이 아니기를 바라는 마음을 긍정하거나 반복하지 마라. 자신의 병이나 증상에 지나치게 몰두하지 마라. 자신이 자신의 완전한 주인이 아니라는 생각은 하지 마라. 자신의 신체적 질병에 대해 우월한 위치에 있다고 단호하게 확언하고, 자신이 열등한 힘의 노예라고 인식하지 마라.

마음은 신체의 젊음과 아름다움을 보존하고, 신체를 건강하게 유지하고, 생명을 새롭게 하고, 지금 상태보다 부패로부터 훨씬 더 오래 보존하는 힘을 확실히 가지고 있다. 가장 오래 살았던 남성과 여성은 대체로 정신적, 도덕적으로 크게 발달한 사람들이었다. 그들은 삶을 약화시키고 산산조각 내는 충격, 마찰, 불화의 손길이 닿지 않는 더 높은 삶의 영역에서 살았다.

음악으로 신경 질환이 치료되는 경우도 있지만, 음악 때문에 그 개선이 크게 지연되는 경우도 있다. 마음을 문제에서 벗어나게 하는 것은 그게 무엇이든 몸 전체의 조화를 회복하는 경향이 있다.

항상 긍정적인 말을 하고 부정적인 말을 하지 않으며, 좋은 것만 보고 나쁜 것을 보지 않으며, 격려하고 낙담하지 않으며, 모든 일에 항상 낙관적인 태도를 취하는 습관을 길러 명성을 얻는 것은 대단한 일이다.

"사랑스럽고 오염되지 않은 행복한 생각을 보내면 축복이 당신 손에 흘러들어올 것이다. 미워하고 불결하고 불행한 생각을 보내면 저주가 쏟아지고 두려움과 불안이 머리맡에서 당신을 기다릴 것이다."

오늘날 비즈니스 세계에서 암시의 법칙보다 더 많이 남용되는 원칙은 없다. 우리는 이 나라 어디서든 허약한 마음을 제압하고 통제하는 것을 업으로 삼는 사람들에게 당하는 한심한 희생자들을 볼 수 있다. 부도덕한 세일즈맨과 프로모터들이 보여주는 것처럼 암시는 최면술의 수준까지 나아가고 있다.

어떤 사람이 다른 사람의 재산을 훔친 경우 그는 감옥에 간다. 그러나 훈련되지 않고 순진하고 의심하지 않는 피해자의 마음에 강하게 훈련된 생각을 투영해 피해자를 최면에 걸고 그의 반대를 극복해, 그가 원하지 않으며 살 여유도 없는 물건을 사도록 유도해 수년간 빈곤하게 만들어 그와 그의 가족이 생필품마저 없을 정도로 고통받게 해도 막을 방도가 없다. 가난한 가장의 마음을 제압하고 최면을 걸어 그들이 정말로 구입할 이유와 여유가 없는 물건을 계약하도록 만드는 것은 남의 집에 쳐들어가서 가치 있는 물건을 훔치는 것보다 더 나쁘고 더 큰 범죄로 간주되어야 한다.

변호사는 종종 놀라운 개인 능력과 뛰어난 설득력 때문에 고액의 연봉을 받기도 한다. 교묘하게 훈련된 총명한 머리를 가지고 전국을 돌아다니며 대상자에게 최면을 걸어 힘들게 번 돈을 빼앗는 이 "놀라운 설득가"들이 범죄자로 간주될 때가 올 것이다.

반면에 암시는 비즈니스 생활에서 실질적인 이익을 위해 사용되기도 한다.

직원에게 영감을 주는 책을 주고, 잡지나 정기간행물에 실린 특별 기사를 팸플릿 형태로 재출판하는 것은 이제 많은 기업에서 흔히 볼 수 있는 관행으로, 이는 직원에게 새로운 노력을 자극하고 더 큰 행동을 불러일으켜 더 큰 일을 하려는 야망을 갖도록 계산된 것들이다. 세일즈맨십 학교에서는 비즈니스 심리학을 매우 광범위하게 활용하고 있으며, 사람들이 더 큰 효율을 낼 수 있도록 모든 종류의 삽화를 제공하고 있다.

최신 성향의 상인은 매혹적인 쇼윈도와 상품 진열을 통해 암시의 힘에 대한 지식을 보여준다.

식당 주인은 맛있는 음식이 식욕에 주는 암시의 힘을 알고 있다. 식당에 진열된 유혹적인 요리를 볼 때 눈이 뇌에 마법의 암시를 전달한다.

호화롭고 세련된 환경에서 자란 사람은 바워리가에 있는 싸구려 식당에서 불결하고 무질서하다는 암시의 영향을 받아 식욕을 잃게 될 것이다. 그러나 같은 방식으로 조리된 똑같은 음식을 고급스러운 브로드웨이 레스토랑으로 옮겨 섬세한 도자기와 흠잡을 데 없는 리넨 위에 올리고 즐거운 음악과 함께 제공한다면 상황은 반전될 것이다. 새로운 암시는 정신적, 육체적 상태를 완전히 뒤바꿀 수 있다.

드레퓌스가 재판을 받는 동안 나라 전체가 보인 추악한 의심의 암시는 그를 압도하여 그의 개성을 완전히 무력화시키고 무죄라는 그의 의식을 무너뜨렸다.* 그의 모든 태도는 죄가 있는 사람의 태도였기 때문에 친구들은 실제로 그가 유죄라고 믿었다. 판결이 내려진 후, 그가 공개적

---

* 1894년 프랑스 참모본부에 근무하던 포병 대위 알프레드 드레퓌스가 독일에 군사 기밀을 빼돌렸다는 의혹을 받아 재판에 넘겨졌다. 증거는 독일 대사관에서 나온 서류와 필적이 유사하다는 것이었는데, 무죄라는 주장은 전혀 받아들여지지 않고 유죄를 선고받았다. 발생 후 12년이 지난 1906년에 무죄가 선고되었다.

으로 망신을 당하는 모습을 보기 위해 모인 수많은 군중 앞에서, 그의 제복에서 단추와 관직 휘장이 찢어지고, 군도가 빼앗겨 부러지고, 사람들이 그에게 야유와 조롱, 온갖 종류의 혐오를 퍼부었을 때, 어떤 범죄자도 그보다 더 많은 유죄의 증거를 보여줄 수는 없었다. 수백만 명이 쏟아내는 유죄의 의심은 그의 정신과 개성을 완전히 압도했다. 그는 결백했지만, 그의 외면과 태도는 그가 반역죄로 기소된 모든 증거를 보여주었다.

불순함만큼 치명적이고 교묘하게 환심을 사는 암시는 없다. 수많은 사람이 이 악랄하고 교묘하며 치명적인 독의 희생양이 되었다.

절대적으로 순수하고 오염을 느껴본 적 없는 마음에 부도덕하고 불순한 암시가 전달되어 초래하는 비극을 누가 묘사할 수 있을까? 시스템을 통해 주입된 이 미묘한 중독은 이어지는 악의적인 암시의 유입을 점점 더 쉽게 만들어 마침내 전체 도덕 체계가 독으로 포화될 때까지 이어진다.

스티그마티스트(Stigmatist)라고 불리는 수녀들의 경험에는 암시의 힘을 보여주는 훌륭한 사례가 있다. 그리스도께서 행하신 삶을 살기 위해, 그분의 모든 고통 속으로 들어가기 위해, 수년 동안 모든 노력을 집중했던 이 수녀들은 모든 에너지를 그리스도의 고통에 완전히 집중하고 상상 속에서 상처를 생생하게 그려냈다. 그 결과 생각이 신체 조직의 화학적, 물리적 구조를 변화시켜 십자가에 못 박힌 그리스도의 손과 발의 자국과 창에 찔린 옆구리의 상처를 실제로 재현했다.

　이 수녀들은 십자가의 신체 증거를 재현하는 데 평생을 바쳤다. 손과 발, 옆구리의 상처에 마음을 오랜 시간 고정하고 집중한 결과, 그 그림이 신체에 생생하게 살아 숨 쉬게 되었다. 그들은 십자가에 못 박히신 그리스도의 신체 형상을 계속 눈앞에 두었기 때문에 상상이 더욱 생생하고 집중적으로 이루어졌다. 종교적 황홀경이 너무 강렬해 그들은 실제로 십자가에 못 박히신 그리스도를 볼 수 있었고, 이러한 정신이 신체에 그려졌다.

28장

가난의 정복

가난을 예상하거나 반쯤 예상하면서 부유해질 수 있는 사람은 아무도 없다. 우리는 예상하는 것을 얻는 경향이 있으며, 아무것도 예상하지 않으면 아무것도 얻지 못한다.

한 걸음 한 걸음 내디딜 때마다 실패의 길로 가는데 어떻게 성공이라는 목표에 도달할 수 있을까?

번영은 마음에서 시작된다. 정신 태도가 번영에 적대적인 동안에는 번영이 불가능하다. 모든 것이 정신적으로 먼저 만들어져야 한다. 우리는 그 정신 패턴을 따르기 때문에 한 가지를 위해 일하면서 다른 것을 예상하는 것은 망하게 되어 있다.

대부분 사람은 올바른 방식으로 삶을 대면하지 않는다. 그들은 자신의 정신 태도를 노력과 일치시키지 않기 때문에 노력이 대부분 무력화

된다. 한 가지를 위해 일하면서 실제로는 다른 것을 예상하고 있는 것이다. 그들은 잘못된 정신 태도를 유지함으로써 자신이 추구하는 일을 좌절시키고 멀어지게 한다. 그들은 결과를 끌어당기고 강제하는 승리에 대한 확신, 패배를 모르는 결단력과 자신감을 가지고 일에 접근하지 않는다.

부를 향한 야망을 품으면서도 항상 가난하게 살 것이라고 생각하고 자신이 원하는 것을 얻을 수 있는 능력을 항상 의심하는 것은, 서부를 향해 여행하면서 동부에 도달하려는 것과 같다. 항상 자신의 능력을 의심하고 그렇게 함으로써 실패를 끌어들이는 사람이 성공하는 데 도움을 주는 철학은 없다.

성공하려는 사람은 성공을 생각해야 한다. 그는 위를 향해 생각해야 한다. 진취적으로, 창의적으로, 건설적으로, 그리고 무엇보다도 낙관적으로 생각해야 한다.

당신은 당신이 향하는 방향으로 갈 것이다. 가난과 결핍을 바라보고 있다면 그 방향으로 갈 것이다. 반면에 곧바로 돌아서서 가난을 생각하거나 살려고 하거나 의식하는 것을 거부한다면 풍요라는 목표를 향해 가기 시작할 것이다.

의심과 낙담을 하고 있는 한, 당신은 실패자가 될 것이다. 가난에서 벗어나고 싶다면 마음을 생산적이고 창의적인 상태로 유지해야 한다.

그러기 위해서는 자신감 있고 쾌활하며 창의적으로 생각해야 한다. 모델이 먼저 있어야 동상이 생기는 법이다. 새로운 세상에서 살려면 먼저 새로운 세상을 봐야 한다.

세상에서 좌절한 사람들, 낙오한 사람들, 기회가 영원히 사라졌다고 생각하는 사람들, 다시는 일어설 수 없다고 생각하는 사람들이 발상의 전환이 주는 힘을 알게 되면 새로운 출발을 쉽게 할 수 있다.

행운을 끌어들이고 싶다면 의심을 없애야 한다. 의심이 당신과 당신의 야망 사이에 있는 한, 의심은 당신을 가로막는 벽이 될 것이다. 믿음을 가져야 한다. 자신은 할 수 없다고 확신하면서 돈을 벌 수 있는 사람은 없다. "나는 할 수 없다"라는 생각은 다른 어떤 것보다도 더 많은 경력을 망쳤다. 자신감은 부족한 것을 채우는 공급의 문을 여는 마법의 열쇠이다.

나는 항상 사업이 안 된다고 말하는 사람이 성공한 것을 본 적이 없다. 아래를 바라보면서 말하는 습관은 상승에 치명적이다.

창조주께서는 모든 인간에게 아래가 아닌 위를 바라보라고 명령하셨다. 기어다니지 말고 올라오도록 만드셨다. 인간을 계속 가난하거나 고통스럽고 괴로운 상황에 머물게 하는 섭리는 없다.

창조주께서는 공급이 충분치 않아 수많은 사람이 그것을 차지하려고 분투하도록 만들지 않으셨다. 그분은 모두를 위해 공급할 수 없듯이 세상을 만들지 않으셨다. 이 세상에는 사람들이 갈망하고 애쓰는 것, 그리고 그들에게 좋으면서도 충분하지 않은 것은 없다.

우리에게 가장 필요한 것, 즉 식량을 생각해 보라. 우리는 미국 내 식량 공급의 가능성을 의심하지 않는다.

텍사스주는 이 대륙의 모든 남성, 여성, 어린이에게 식량, 집, 사치품을 공급할 수 있다. 의복의 경우, 모든 주민에게 보라색과 고급 리넨으로 입힐 수 있을 만큼의 재료가 충분하다. 우리는 의복의 공급 가능성에 대한 논의를 시작하지도 않았다. 다른 모든 필수품과 사치품도 마찬가지이다. 우리는 아직 풍요의 겉면, 즉 지구상의 모든 개인에게 왕과 같이 공급할 수 있는 물품을 덮고 있는 표면에 머물러 있다.

고래가 멸종되어 뉴베드퍼드 항구를 비롯한 여러 항구의 고래잡이배들이 방치되어 썩어가고 있을 때, 미국인들은 어둠 속에서 살게 될까 봐 불안했지만 유정은 풍부한 공급원으로 우리를 구해줬다. 그리고 이 에너지원이 지속될 수 있을지 의심하기 시작했을 때, 과학은 우리에게 전등을 선사했다.

전 세계 모든 사람에게 밴더빌트나 로스차일드가 소유한 저택보다 더 멋진 집을 선물할 수 있는 건축 자재가 충분하다. 우리는 모두 부유하고 행복해야 하며, 마음이 갈망할 수 있는 모든 좋은 것을 풍성하게 누려야 한다. 우리는 현재의 힘이 어디에서 오는지, 그리고 이 거대한 원천을 우리가 사용할 수 있는 만큼 활용할 수 있다는 것을 깨닫고 살아야 한다.

만왕의 왕의 자녀가 늑대 무리에 쫓기는 양처럼 돌아다니는 것은 뭔가 잘못된 것이다. 무한한 공급을 물려받은 사람이 일용할 양식을 걱정하고, 두려움과 불안에 사로잡혀 평안을 누리지 못하고, 삶이 결핍과의 싸움이며, 항상 염려의 굴레에 갇혀서 불안에 떨고 있다면 뭔가 잘못된 것이다. 너무 걱정하고 생계를 유지하는 데 몰두하여 삶을 영위하지 못한다면 뭔가 잘못된 것이다.

우리는 행복하도록, 기쁨과 즐거움을 표현하고 번영하도록 만들어졌다. 우리의 문제는 무한 공급의 법칙을 믿지 않고 본성을 닫아 풍요로움이 우리에게 흘러들어오지 못하게 하는 것이다. 다시 말해, 우리는 끌어당김의 법칙에 순종하지 않는다. 우리는 마음을 너무 졸이고 자신에 대한 믿음을 너무 작고 좁게 유지해 공급의 유입을 목 졸라 죽인다. 풍요는 수학의 법칙만큼이나 엄격한 법칙을 따른다. 그 법칙에 순종하면 흐름을 얻게 되고, 그것을 막으면 흐름을 차단한다. 문제는 공급에 있지 않다. 풍요는 전 세계 모든 사람을 기다리고 있다.

번영은 마음에서 시작되며, 번영에 적대적인 정신 태도로는 불가능하다. 갈망하는 것을 멀리하는 가난에 찌든 태도로는 정신적으로 풍요로움을 끌어낼 수 없다. 한 가지를 위해 일하면서 다른 것을 예상하는 것은 치명적이다. 아무리 번영을 갈망해도 비참하고 빈곤에 시달리는 정신 태도는 번영으로 가는 길을 닫아버릴 것이다. 그물은 어떤 유형을 따라 짜기 마련이다. 부와 번영은 가난과 실패를 생각하는 통로를 통해 들어올 수 없다. 정신적으로 먼저 만들어져야 한다. 번영을 생각해야 번영에 도달할 수 있다.

이 세상에는 다른 사람을 위한 좋은 것, 편안함, 사치품, 좋은 집, 좋은 옷, 여행, 여가의 기회가 많지만 나에게는 그렇지 않다고 당연시하는 사람이 얼마나 많은가! 그들은 그러한 것이 그들의 것이 아니라 다른 계급의 사람들을 위한 것이라는 확신에 머물러 있다.

그런데 왜 당신은 다른 계급에 속해 있을까? 자신이 다른 계급에 속한다고 생각하거나, 열등하다고 생각하거나, 스스로 한계를 설정하기 때문이다. 자신과 풍요 사이에 장벽을 세운다. 풍요로움을 차단하고 마음을 닫음으로써 공급의 법칙이 작동하지 않게 한다. 자신이 얻을 수 없다고 믿는 것을 어떤 방법으로 얻을 수 있을까? 세상의 좋은 것이 자신에게 맞지 않다고 철저히 확신할 때 어떤 철학으로 얻을 수 있을까?

세상의 가장 큰 저주 중 하나는 가난의 필연성에 대한 믿음이다. 대부분 사람은 누군가는 반드시 가난할 수밖에 없다고 믿는다. 그들은 자신이 가난하게 만들어졌다는 강한 신념을 가지고 있다. 그러나 인간을 위한 창조주의 계획에는 가난이나 결핍이나 부족함이 없다. 지구상에 가난한 사람이 있을 필요는 없다. 지구는 아직 거의 손대지 않은 자원으로 가득 차 있다. 우리는 풍요로움 속에서도 가난하게 살아왔으며, 이는 단지 우리를 스스로 제한하는 생각 때문이다.

우리는 생각은 실존이며 삶에 통합되어 인격의 일부를 형성한다는 것을 발견한다. 두려움을 마음에 품고 가난하고 부족해질 것이라고 걱정한다면, 이 두려움과 가난에 대한 걱정은 삶의 질감에 통합되어 더 많은 가난을 끌어들이는 자석이 된다.

우리가 그렇게 힘들게 먹고살아야 하고, 겨우겨우 버티고, 소수의 안락만을 누리며, 삶을 만드는 대신 생계를 위해 모든 시간을 보내는 것은 원래 의도된 것이 아니었다. 풍요롭고, 충만하고, 자유롭고, 아름다운 삶이 우리를 위한 것이었다.

풍요에 대한 새로운 이미지와 이상을 세우자. 우리는 가난, 부족, 결핍의 하느님을 충분히 오랫동안 숭배하지 않았던가? 하느님이 우리의 위대한 공급자이시며, 우리가 그분과 계속 조화를 이루고 긴밀하게 접촉해 모든 공급의 위대한 원천이신 그분과 하나가 됨을 느낄 수 있다면 풍요가 우리에게 흘러들어와 다시는 부족함을 알지 못할 것이라는 생각을 붙잡자.

모든 공급의 신성한 근원에 대한 의심하지 않는 암묵적 신뢰만큼 인류에게 절실한 것은 없다. 우리는 무한한 근원에 대해 아이가 부모에게 하는 것과 같은 관계에 있어야 한다. 아이는 "더 이상 먹을 수 없을까 봐

이 음식을 감히 먹지 못하겠어요"라고 하지 않는다. 아이는 필요한 모든 것이 공급될 것이라는 절대적 믿음을 가지고 받으며, 이 음식이 나온 곳에는 더 많은 것이 있다고 확신한다.

우리는 우리의 가능성에 대해 좋은 의견의 절반도 가지고 있지 않다. 자신에 대해 절반도 기대하지 않으며, 자신에게 절반도 요구하지 않는다. 따라서 실제로 얻는 것은 빈약함과 인색함이다. 우리는 가져야 하는 풍요를 요구하지 않는다. 따라서 우리의 삶은 빈약하고 결핍하며 불완전하다. 우리는 왕처럼 당당하게 요구하지 않는다. 우리는 가치 있는 것을 너무 적게 가지고 만족한다. 우리는 풍요로운 삶을 살아야 하고, 우리에게 좋은 것을 충분히 가져야 한다. 누구도 가난하고 비참하게 살도록 만들어지지 않았다. 바람직한 것의 부족은 인간의 체질에 자연스러운 것이 아니다.

마음에서 모든 그림자, 모든 의심과 두려움, 가난과 실패에 대한 암시를 지우라. 생각의 주인이 되고, 마음을 지배하는 법을 터득하면 원하는 대로 일이 풀리기 시작할 것이다. 낙담, 두려움, 의심, 자신감 부족은 수만 명의 번영과 행복을 앗아간 세균이다.

모든 사람은 자신의 야망에 걸맞은 연기를 해야 한다. 성공한 사람이 되고 싶다면 그 연기를 해야 한다. 부유함을 보여주려 한다면 약한 것이 아니라 힘차고 웅장하게 연기해야 한다. 당신은 부유함을 느끼고 생각하고 보여주어야 한다. 당신의 태도는 자신감으로 가득 차 있어야 한다.

당신은 역할을 훌륭하게 해낼 수 있을 만큼 충분히 크다는 자신감을 보여주어야 한다. 현존하는 가장 위대한 배우가 자신을 위해 돈을 버는 과정에 있는 위대하고 활기차고 진취적인 인물, 즉 자신의 존재로 정복하는 인물을 연기한다고 가정하자. 그 배우가 이 배역을 연기할 때, 마치 야망도 에너지도 없는 것처럼, 돈을 벌거나 사업에서 성공할 수 있다는 진정한 믿음이 없는 것처럼 "이제 내가 시도한 이 일을 해낼 수 없을 것 같다. 나에겐 너무 큰 일이다"라고 말하며 미안해하고 위축되고 움츠린 태도로 무대를 돌아다닌다고 가정하자. "다른 사람은 해냈지만 나는 결코 부자가 되거나 번영해야 한다고 생각하지 않는다. 왠지 좋은 일은 나를 위한 것이 아닌 것 같다. 나는 그저 평범한 사람이고 경험도 많지 않고 자신감도 별로 없는데, 부자가 되거나 세상에 큰 영향을 줄 것이라고 생각하는 건 주제넘은 것 같다"라고 말한다면 관객에게 어떤 인상을 줄까? 자신감을 줄까, 힘이나 강인함을 발산할까, 저런 약자도 재산을 모을 수 있고 돈을 벌 수 있다고 생각할까? 모두가 그 사람을 실패자라고 말하지 않을까? 그가 무엇이든 정복할 수 있다는 생각을 비웃지 않을까?

가난은 그 자체로는 가난에 대한 생각만큼 나쁘지 않다. 치명적인 것은 우리가 가난하며 계속 가난해야 한다는 생각이다. 파괴적인 것은 마음의 태도, 즉 가난을 대하는 태도로서, 후퇴할 줄 모르는 결연한 의지로 가난에서 벗어나려고 애쓰지 않고 가난과 타협하는 것이다.

내면의 가난을 정복할 수 있다면 외적인 가난도 정복할 수 있다. 정신 태도를 바꾸면 신체 변화도 그에 상응하기 때문이다.

가난에 대한 생각을 품고 있으면 가난에 시달리고 가난을 낳는 상황에 계속 접촉하게 된다. 끊임없이 가난을 생각하고, 가난을 말하고, 가난하게 사는 것은 우리를 정신적으로 가난하게 만든다. 이것이 바로 최악의 빈곤이다.

정신 태도가 번영을 향하기 전에는 우리는 번영을 향해 갈 수 없다. 절망을 바라보는 한 우리는 결코 기쁨의 항구에 도달할 수 없다.

가난에 대한 정신 태도를 계속 유지하거나 항상 자신의 불운과 실패를 생각하는 사람은 결코 번영의 목표가 있는 방향으로 갈 수 없다.

이 나라에는 가난에 머무는 것에 반쯤 만족하며 가난에서 벗어나기 위한 필사적인 노력을 멈춘 수많은 가난한 사람이 있다. 그들은 열심히 일하지만, 자립할 수 있다는 희망과 기대는 잃어버렸다.

많은 사람이 가난에 대한 두려움 때문에 스스로 가난하게 살며, 가난이 닥쳐올 가능성, 충분하게 살지 못할 가능성에 자신을 허용함으로써 가난의 조건에 머문다.

가난과 영원히 결별하기로 결심하라. 더 이상 가난과 관련이 없다고, 옷차림, 외모, 태도, 말투, 행동, 집에서 가난의 흔적을 모두 지우겠다고 결심하라. 세상에 진정한 패기를 보여주겠다고 결심하라. 그러면 깜짝 놀라게 될 것이다. 더 이상 실패로 넘어가지 않고 더 나은 것, 즉 능력과 독립을 향해 끈질기게 나아갈 것이다. 지구상의 어떤 것도 그 결심에서 멀어지게 할 수 없다고 생각한다면, 당신은 자신에게 얼마나 큰 힘이 찾아오는지, 자신감과 안심, 자존감이 얼마나 높아지는지 보고서 놀랄 것이다.

이 세상에는 좋은 것들이 모두를 위해 충분히 준비되어 있으니, 다른 사람을 해치거나 방해하지 않으면서 내 몫을 챙기겠다고 온 힘을 다해 결심하라. 당신은 능력과 풍요를 가져야 한다. 그것은 당신의 타고난 권리이다. 당신은 성공을 위해 조직되고 행복을 위해 만들어졌다. 그 신성한 운명에 도달하겠다고 결심해야 한다.

29장

절약

"티끌 모아 태산(Mony a mickle makes a muckle)" • 스코틀랜드 속담

"한 푼 아끼면 한 푼 번다." • 영국 속담

"작은 사치를 조심하라. 작은 누수가 큰 배를 침몰시킬 수 있다." • 프랭클린

"우리가 가진 것을 알뜰하게 사용함으로써 얻는 것보다 더 확실한 이득은 없다." • 라틴 속담

"최대한 벌고, 최대한 아끼고, 최대한 베풀라." • 존 웨슬리

"모든 행운은 절약에 기초를 두고 있다." • J. G. 홀랜드

절약의 철학에서 번영의 단위는 가장 작은 동전으로 측정된다. 절약은 파운드가 아니라 페니로, 달러가 아니라 센트로 측정된다. 따라서 수입이 적고 급여를 적게 받는 사람일지라도 절약을 실천하면 번영의 기초를 마련하는 것이 가능하다는 것을 알게 된다.

절약이라는 단어의 어원은 가진 것을 움켜쥐거나 단단히 붙잡는 것을 의미한다. 낭비나 사치와 반대되는 경제성, 신중함을 의미한다. 절약에서 비롯된 번영이 자연스러운 욕망을 더 자유롭게 즐길 때까지 자기 부정과 검소한 생활을 하는 것을 의미한다.

절약의 기본 요소 중 하나는 수입보다 지출을 적게 하고, 받은 월급에서 아무리 적은 금액이라도 저축해, 미래를 위해 돈의 일부를 일정 기간 모아두는 것이다.

"저축하는 습관을 들이지 않으면 절대로 돈을 모을 수 없다는 것을 모든 소년이 깨달아야 한다"라고 러셀 세이지는 말했다. "처음에는 몇 센트만 저축할 수 있더라도 전혀 저축하지 않는 것보다 낫다. 몇 달이 지나면 수입의 일부를 저축하는 것이 더 쉬워진다는 것을 알게 될 것이다. 은행 계좌의 돈이 얼마나 빨리 불어나는지 보고서 놀란다. 계좌를 개설하고 유지하는 소년은 풍요로운 노년을 즐길 좋은 기회가 있다. 수입의 전부를 생활비로 쓰는 사람은 자신이 부자가 되지 못했다는 사실을 한탄한다. 그들은 돈을 많이 벌었다고 알려진 어떤 사람을 보고서 '운이 좋았다'라고 말한다. 사업에서 운이라는 것은 사실상 존재하지 않으며, 운에 의존해 사업을 이어가는 사람은 성공하지 못할 가능성이 높다. 인생에서 성공한 사람은 젊을 때부터 사업을 시작한 사람들이다. 그들은 학교 다닐 때는 공부했고, 일을 시작했을 때는 시간의 절반만 일하고도 돈을 받을 것이라고 생각하지 않았다. 그들은 '한방'을 노리지 않았고, 오지 않는 기회를 기다리지 않았으며, 시대가 더 이상 예전과 같지 않다고 한탄하지 않고 오직 앞만 보고 나아갔다."

토머스 립턴 경은 "젊은이는 많은 친구를 사귈 수 있지만, 표지에 은행 이름이 박힌 작은 가죽 커버의 책만큼 확고하고, 변함없고, 자신의 욕구에 부응할 준비가 되어 있고, 자신을 밀어줄 수 있는 친구는 없다는 사실을 알아야 한다"라고 말한다. "저축은 성공의 첫 번째 위대한 원칙이다. 저축은 독립심을 기르고, 젊은이를 자립하게 하며, 활력을 채우고, 적절한 에너지를 자극하며, 모든 성공의 가장 좋은 부분인 행복과 만족을 가져다준다."

한 남자가 20세부터 근무일마다 26센트씩 떼어서 7퍼센트 복리에 투자하면 70세가 되면 3만 2천 달러를 모을 수 있다.

"절약이 곧 부(富)다." 이 속담은 우리가 대부분 지겨워지거나 무관심해질 때까지 반복해 왔지만, 그 진실과 중요성 때문에 속담이 되었다는 것을 기억하는 것이 좋다. 절약이 실제 부는 아니지만 많은 경우 잠재적으로 부를 가져다준다는 것을 많은 사람이 증명했다.

영국의 저명한 경제학자 마셜 교수는 영국의 노동계급이 삶을 더 고상하게 만들거나 행복하게 만드는 데 아무런 도움이 되지 않는 일에 매년 5억 달러를 지출한다고 추정한다. 영국학술협회 회의에서 회장은 경제 부문 연설에서 음식물 쓰레기라는 단순한 항목만으로도 위에서 언급한 추정치를 정당화할 수 있다는 믿음을 표명했다. 오늘날 음식물 쓰레기의 강력한 원인 중 하나는 경제적으로 구매하고 훌륭하게 요리하는 법을 모르기 때문이다. 에드워드 앳킨슨은 미국에서 잘못된 요리로 인한 낭비만 연간 1억 달러가 넘는다고 추정했다!

필립 D. 아머는 "어느 정도 능력과 감각이 있고, 검소하고 정직하며 절약하는 젊은이라면 돈을 모아 인생에서 성공을 거두지 못할 이유가 없다"라고 말한다. 자신의 성공 요인을 묻는 질문에 아머는 이렇게 답했다. "검소와 절약이 큰 영향을 미쳤다고 생각합니다. 어머니의 교육과 항상 검소하고 절약했던 스코틀랜드 조상들의 덕을 많이 봤습니다."

마셜 필드는 "젊은이는 수입이 아무리 적더라도 항상 얼마간 저축하는 습관을 길러야 한다"라고 말했다. 필드 씨는 이 원칙을 실천함으로써 세계에서 가장 부유하고 성공적인 상인이 되었다. 언젠가 내가 그에게 보낸 인터뷰어가 그의 경력에서 전환점이 되었던 것이 무엇이었는지 물었을 때, 그는 "내가 받은 적은 월급을 그냥 쓸 수도 있었는데 그때 처음으로 5천 달러를 저축한 것이다. 그 돈을 모았더니 기회를 잡을 수 있는 능력이 생겼다. 그 시기를 전환점이라고 생각한다"라고 대답했다.

첫 번째 저축은 젊은이의 경력에서 전환점이 된다. 절약의 부족이 현대 문명의 가장 큰 저주 중 하나이다. 사치, 과시욕, 남보다 더 빛나려는 욕망은 우리 시대, 특히 우리 미국의 악습이다. 어떤 사람은 "빈곤의 원인 목록에서 낭비하는 부모로부터 물려받은 낭비를 가장 먼저 조사해야 할 것"이라고 말했다.

프랭클린은 "수입보다 지출을 적게 하는 방법을 안다면 당신은 '현자의 돌'*을 가진 사람"이라고 말했다. 많은 젊은이의 가장 큰 문제는 처음부터 절약하는 습관을 익히지 않아서 '현자의 돌'을 찾지 못한다는 것이다. 그들은 수입보다 지출을 적게 하는 법을 배우지 못했다. 그들이 제때 그 교훈을 배웠다면 자립하는 데 어려움이 없었을 것이다. 중요한 것은 바로 이 첫 번째 절약이다.

존 제이컵 애스터는 처음 1천 달러를 얻는 데 드는 비용이 나중에 10만 달러를 얻는 데 드는 비용보다 더 많았지만, 처음 1천 달러를 저축하지 않았다면 가난하게 죽었을 것이라고 말했다.

앤드루 카네기는 "사람이 가장 먼저 배워야 할 것은 돈을 절약하는 것"이라고 말한다. "돈을 절약함으로써 모든 습관 중에서 가장 가치 있는 검소함을 키운다. 검소함은 재산을 만드는 위대한 힘이다. 그것은 야만인과 문명인의 경계를 긋는다. 근검절약은 재산을 키울 뿐만 아니라

---

* 중세의 연금술사들이 모든 금속을 황금으로 바꾸고 영생을 가져다준다고 믿었던 상상의 물질

인격도 키운다."

은행은 예금에 대한 보상을 이자라는 형태로 지급하기 때문에 절약을 장려하는 가장 큰 장려책의 하나이다. 이 나라의 정부가 국민에게 제공한 가장 큰 혜택의 하나는 은행이 망하기 전에 연방정부가 먼저 망하도록 되어 있기 때문에 손실에 대해 절대적으로 안전하게 돈을 예치할 수 있는 우편저축은행을 설립한 것이라고 할 수 있다.* 사람이 저축은행 계좌를 개설할 수 있는 경제는 생필품의 부족을 일으키는 어려운 경제가 아니라, 지갑을 탕진할 뿐만 아니라 체력까지 고갈시켜 두뇌와 몸의 건강을 해치는 이기적인 쾌락과 방종을 포기하게 하는 경제이다.

대다수 사람은 자제력을 기르려고 노력하지 않으며, 미래의 더 큰 이익을 위해 현재의 즐거움과 편안함을 희생하려고 하지 않는다. 그들은 내일을 생각하지 않고 일시적 만족과 순간의 쾌락을 위해 돈을 쓰고, 더 성공한 사람을 부러워하며 왜 자신은 그렇게 살지 못하는지 궁금해한다. 그들은 미래를 위해 돈도 지식도 저장하지 않는다. 다람쥐는 여름이 항상 계속되지 않는다는 것을 알고 있다. 그들은 다가올 겨울을 위해 본능적으로 식량을 저장하지만, 수많은 인간은 아무것도 저장하지 않고 모든 것을 소비하기 때문에 병이나 노년이 왔을 때 모아둔 돈도 없고 의지할 곳도 없다. 그들은 현재를 위해 미래를 희생한다.

---

* 우리나라도 우체국 예금은 정부가 전액 보장한다(우체국예금보험에 관한 법률 제4조).

이런 사람들에게서 잔돈을 빼가는 재주야말로 가장 교활하고 무책임하다. 나는 필수품인 숙식, 옷, 방보다 불필요한 것들, 즉 시가, 음료수, 과자, 탄산수, 다양한 종류의 간식 등 "부수적인 것"에 더 많이 돈을 쓰는 젊은이들을 알고 있다. 그들은 돈을 전혀 기록하지 않고 욕망을 억제하지 않기 때문에 돈이 모두 어디로 갔는지 궁금해한다. 그들은 여기저기에 1센트짜리 동전을 던지고, 이것에 25센트 저것에 25센트를 쓸 때 그것을 깨닫지 못하지만, 일주일이 지나면 그것이 합산되고 일 년이 지나면 큰 금액이 된다.

"그는 한 푼도 남기지 않는다"라는 말은 우리가 매일 듣는 표현으로, 능력을 발휘할 수 있을 만큼 돈을 버는 사람들을 두고 하는 말이다.

얼마 전 뉴욕의 한 청년이 친구에게 자신은 왜 가난하고 돈이 모이지 않는지 불편해하며 말했다.

"사치에 얼마를 쓰나?" 친구가 물었다.

"사치라니!" 청년이 대답했다. "사치가 시가와 술 몇 잔을 가리키는 거라면, 가끔 친구를 위해 시가나 가벼운 와인 한 잔을 제외하고는 일주일에 평균 6달러를 넘지 않아. 대부분 남자는 더 많이 쓰지만, 나는 지출을 적당히 하는 것을 원칙으로 삼고 있다고!"

그러자 친구는 이렇게 말했다. "10년 전 나는 매주 똑같은 물품을 사느라 거의 같은 비용을 지출하고 있었고, 계단을 네 개나 올라가야 하는 불편한 방에 한 달에 30달러를 내고 있었어. 당시 신혼이었던 나는 어느 날 아내에게 아내의 필요와 품격에 맞는 곳에서 살고 싶다고 말했지. 그때 아내의 대답은 '여보, 당신이 쓸모없을 뿐 아니라 당신에게 극도로 해로운 두 가지를 포기할 만큼 저를 사랑하신다면 우리는 10년 안에 예쁜 집을 살 수 있을 거예요'였어."

"아내는 연필과 종이를 들고 내 옆에 앉더니 5분도 안 돼서 자신이 옳다는 것을 증명해 보였어. 자네는 얼마 전 교외에서 나와 저녁 식사를 하면서 우리 별장이 얼마나 아름답고 편안한지 이야기했지. 그 집은 3천 달러가 들었고, 그 집을 사는 데 들었던 돈은 모두 내가 예전에 하던 시가와 술값이었어. 나는 저축을 통해 행복한 아내와 예쁜 집을 얻었을 뿐만 아니라 자제력, 더 나은 건강, 자존감, 진정한 남자다움, 더 오래가는 행복을 얻었네. 나는 흡연과 음주를 하는 모든 젊은이가 적당하든 적당하지 않든 그것을 통해 쾌락을 확보하려고 한다면, 연필과 종이를 들고서 판단력을 활용해 자신이 얻는 것보다 잃는 것이 훨씬 많지 않은지 살펴보기를 바란다네"라고 말했다.

복음서의 탕자 이야기에는 인상적인 사실이 있다. "그가 방탕한 생활로 재산을 낭비했다"라는 말은 단순히 재산을 낭비했다는 것 이상의 의미를 담고 있다. 그것은 그가 자신을 낭비했다는 것을 암시한다. 그리고 모든 낭비 중 가장 심한 단계는 물질의 낭비가 아니라 자기 자신, 에너지, 자본의 낭비, 도덕의 저하, 인격의 훼손, 자존감의 상실이며, 절약이야말로 그것들을 더 키우도록 장려하는 것이다.

절약은 재산의 초석일 뿐만 아니라 인격의 초석이기도 하다. 절약하는 습관은 인격의 질을 향상시킨다.

돈을 아낀다는 것은 사람을 아낀다는 것을 의미한다. 그것은 방종을 끊거나 파멸적인 악습을 피하는 것을 의미한다. 소멸 대신 건강을 의미한다. 흐리고 혼탁한 두뇌 대신에 맑은 두뇌를 의미한다.

또한 절약하는 습관은 세상을 향해 나아가고자 하는 야망을 나타낸다. 그것은 독립심과 자립심을 기른다. 은행 계좌나 보험에 있는 적은 금액은 자신의 상태를 개선하고 인생을 바라보고자 하는 열망을 나타낸다. 그것은 희망을 의미하고, 야망을 의미하며, "잘살겠다"라는 결의를 의미한다.

세상은 비열하거나 인색하지 않으면서도 수입의 일부를 저축하는 청년을 신뢰한다. 그것은 많은 훌륭한 자질을 나타낸다. 사업가들은 돈을 저축하는 젊은이를 보고서 그가 자신의 에너지와 활력이 낭비되지 않도록 절약하며, 아래가 아닌 위를 바라보며, 사려 깊고 현명하며, 당장의 만족을 위해 미래의 더 큰 이익을 희생하지 않기로 결심했다고 자연스럽게 추론한다.

저축 계좌에 있는 금액은 당신이 실용적이고 더 독립적이라는 것을 보여주기 때문에 자존감과 자신감을 더해줄 것이다. 자신에게 약간의 돈이 준비되어 있거나 어떤 안전한 곳에 투자하고 있다는 것을 알면 세상을 좀 더 확신을 가지고 바라볼 수 있으며, 좀 더 똑바로 서서 자신감 있게 미래를 마주할 수 있다.

수많은 인간을 괴롭히고 많은 사람을 공포에 떨게 해 그들의 능률을 파괴하는 늑대를 막아줄 무언가가 당신 뒤에 있다는 의식은 매 순간 당신을 강화하고 지지해줄 것이다. 미래에 대한 걱정과 불안에서 벗어나게 해줄 것이며, 불확실성, 두려움으로부터 당신을 자유롭게 해줄 것이며, 불확실성이 강요하는 구속과 억압으로부터 당신의 능력을 해방시켜줄 것이다.

절약을 돕고, 절약에 대한 동기를 부여하는 또 다른 훌륭한 수단은 생명보험이다. "주로 과부와 고아를 지원하기 위해 고안된 생명보험은 사망 시 지급되는 보험금과 함께 잉여 수입을 안전하게 투자할 수 있도록 설계되었다."

나는 인격 형성자로서의 역할을 하는 저축은행의 효율성을 믿지만, 생명보험은 특히 대부분 사람에게 동기로서 매우 중요한 "필연성"을 제공하는 더 큰 장점이 있다고 본다.

사람은 돈이 생기면 저축은행에 돈을 넣을 수 있지만, 그 성향이 어떤 강한 욕구를 극복할 때만 가능하다. 그러나 보험료는 꼭 내야만 한다고 생각한다.

저축은행은 이름만 서명하면 쉽게 돈을 인출해 다양한 용도로 사용할 수 있다. 이것이 내가 젊은이에게 저축 수단으로 생명보험을 권하는 이유 중 하나이다. 생명보험은 저축 습관을 기르는 데 있어 엄청난 가능성을 보여주는 실물 교훈으로서, 그 가치가 무궁무진하다.

나는 생명보험이 저축 습관을 키우는 데 큰 역할을 하고 있다고 생각한다. 월급을 받거나 일정한 수입이 있는 청년이 보험에 가입할 때는 분명한 목표가 있다. 그는 수입에서 상당한 돈을 떼어서 보험료를 납부하기로 적극적으로 결심했다. 그러면 이런저런 용도로 돈을 쓰고 싶다는 수많은 유혹에 "아니오"라고 말하기가 더 쉬워진다. 그는 보험을 유지해야 하는 것을 알기 때문에 "아니오"라고 단호하게 말할 수 있다.

보험은 종종 가족 전체의 성향을 낭비와 무질서에서 절약과 질서로 바꾸어 놓는다. 매주, 매월 또는 매년 수입에서 일정액을 저축해야 한다는 사실 자체가 종종 가족 전체의 신중함과 경제성을 발전시킨다. 보험료를 내야 하기 때문에 모든 가족 구성원이 조심하며 살아야 한다. 종종 그것은 가정에서 계획이나 질서의 첫 번째 신호이며, 가정 내의 시스템이 된다.

소중한 사람을 보호하기 위해 돈을 내야 한다는 신성한 의무 의식이 있으면 어리석음을 많이 차단할 수 있다. 자기만족을 위해 돈을 쓰거나 자신의 약한 성향을 만족시키기 위해 돈을 쓰고 싶은 유혹을 막을 수 있다.

따라서 생명보험은 어리석은 지출에 대한 보험, 자신의 악하고 나약한 성향에 대한 보험, 즉 자신의 진정한 적인 자신에 대한 진정한 보호 장치인 인격보험이기도 하다.

빚을 지거나, 돈을 빌리거나, 일일 지출을 항목별로 기록하지 않거나, 할부로 물건을 사는 것은 절약의 적으로 볼 수 있다. 영국의 위대한 설교자 스펄전은 빚, 더러움, 마귀가 악의 삼위일체를 이룬다고 했다. 그리고 빚은 현재의 개인적 고통에 대한 가능성을 언제든 할인해 마귀에게 줄 수 있다. 빚을 지려는 유혹이 빠르게 증가하고 있다. 도시 곳곳에서 "우리는 당신을 믿습니다", "당신의 신용은 우리와 함께 합니다"와 같은 광고를 볼 수 있으며, 이러한 문구와 함께 의류, 가구 등을 "간편한 결제"로 제공한다는 제안이 나온다. 하지만 한 아일랜드인은 가구 할부 구매를 경험한 후 다음과 같이 말했다. "정말 불편한 결제이다." 사실 간편한 결제는 삶의 모든 편리함과 안락함을 앗아가는 것으로, 간편한 결제를 받는 사람만 편할 뿐이다.

할부 구매에 대한 망상을 조심하라. 이 나라에는 오르간이나 책 세트, 백과사전, 피뢰침, 농기구 등 없어도 잘 살 수 있는 물건을 한 번에 조금씩 갚을 수 있다는 이유로 사들이는 가난한 가정이 수천 가구에 이른다. 그들은 이런 식으로 자신을 가난하게 유지한다. 그들은 항상 수금원이 수금하러 올 때를 대비해 저축하고 희생한다.

남부 전역에는 흑인과 백인 가릴 것 없이 가난한 가정이 있는데, 그 집에는 식구들이 편안하게 식사할 수 있는 조리 도구와 칼, 포크, 숟가락은 부족해도 할부로 산 값비싼 물건들이 있는 것을 볼 수 있다. 그들은 그 물건값을 갚느라 몇 년 동안 가난하게 살아야 한다.

돈을 빌리는 것에 관한 수많은 남녀의 쓰라린 경험은 이 옛 속담에 고스란히 녹아 있다. "빌리러 가는 사람은 슬픔을 겪는다." 그러나 셰익스피어의 조언을 따르는 사람에게는 안전한 세상이 있다. "빌리는 자도 빌려주는 자도 되지 마라."

"가난은 수치가 아니라 불편할 뿐"이라는 말은 때로 경솔하다. 가난은 종종 진짜 수치이다. 가난하게 태어난 사람도 가난을 딛고 일어설 수 있다. 가난을 강요당한 사람도 가난을 극복할 수 있다. 이 풍요와 기회의 땅에서 가난은 대부분 수치와 모욕일 뿐이다.

존슨 박사는 보스웰에게 "가난과 가난이 불러오는 의식과 걱정을 피하라고 충고하고 싶다"라고 말했다. 가난하다는 것은 굴욕적인 일이다. 왜소한 인격과 사소한 성과 외에는 노력에 대해 보여줄 것이 없다는 의식은 결코 고무적이지 않다. 많은 것을 이루지 못했다고 어느 정도 느끼며, 무언가를 축적하지 못하면 세상이 우리를 같은 식으로 바라본다는 것을 알게 된다. 이는 우리의 사업 능력, 판단력, 근면성에 대한 방증이다. 돈을 벌고 저축했다는 것이 의미하는 바는 돈이 아닌 절약에 대한 의식이다. 절약하지 않고 저축하지 않으면 세상은 우리를 쓸모없는 사람으로, 부분적인 실패자로, 게으르거나 경솔하거나 사치스러운 사람으로 볼 것이다. 그들은 우리가 돈을 벌지 못했거나, 돈을 벌었더라도 저축하지 못했다고 여긴다.

절약은 인색함이나 비참함이 아니라는 것을 기억하라. 그것은 종종 매우 자유로운 지출을 의미한다. 그것은 잘못된 것을 강조하는 것에 대한 끊임없는 항의이다.

씨앗을 심고 그 씨앗에서 자라는 식물에 충분한 영양분을 공급하지 않거나, 광고 없이 사업을 진행하거나, 밥이나 옷에 인색하기까지 하면서 겨우 얼마를 아끼는 실수를 저지르는 사람은 없다. "1달러를 절약하면 1달러를 번다"라는 말이 있지만, 자유롭게 잘 쓴 1달러는 종종 몇 배의 수입이 되기도 한다. 1달러를 아끼다 종종 많은 돈을 잃기도 한다. 오늘날의 자유롭고 관대한 분위기에서는 1달러를 벌기 위해 몇 페니의 돈이라도 더 넣으려고 시간을 할애하는 일벌레들이 훨씬 뒤처질 것이다.

돈에 있는 유일한 가치는 구매력이다. "여러 번 쓸지라도 여전히 유효하다." 쌓아둔 돈은 지구에 있는 광부의 손길이 닿지 않은 금보다 더 쓸모가 없다. 우리가 돈을 계속 돌게 하고 그 돈을 따라 계속 움직인다면 이 세상에 돈은 충분하다. 세상 사람이 모두 인색하고 "저것 없이도 살 수 있어" 또는 "우리 할아버지도 저런 것 없이도 잘 살았으니 나도 그럴 수 있어"라는 원칙에 따라 산다고 상상해 보라. 우리의 공원, 웅장한 건물, 전기 시설, 음악과 예술은 어떻게 될까? 숲을 가꾸고 피아노나 호화 자동차를 만드는 노동은 어떻게 될까? 완성작에 의존해 사는 사람들은 어떻게 될까? 모두가 인색해지면 어떤 일이 벌어질지, 어떤 공포가 뒤따를지, 무어라 형언할 수 없다.

"그러니 당신의 수단이 당신의 필요를 능가하도록 배분하라"라고 불워는 말한다. "나는 1년에 100파운드만 있으면 남의 도움이 필요 없고, 적어도 '빵과 자유'를 누릴 수 있다. 그러나 1년에 5,000파운드가 있으면 초인종이 울리는 것을 두려워할지도 모른다. 내가 감당할 수 없는 임금을 받는 종들을 폭압적 주인으로 모실지도 모른다. 내 심장 가장 가까운 곳에 있는 살점을 노리고 자의 먼지를 털고 칼을 가는 샤일록들을 걱정할지도 모른다. 가진 것보다 더 많이 쓰는 사람은 궁핍하며, 그보다 덜 쓰는 사람은 궁핍하지 않다. 나는 돈을 관리하지 못해 1년에 5,000파운드로도 공포와 수치라는 가난이 주는 최고의 악을 살 수도 있고, 돈을 잘 관리해 1년에 100파운드로도 안전과 존경이라는 부가 주는 최고의 복을 살 수도 있다."

30장

어떤 사람은 성공하고 어떤 사람은 실패하는 이유

해저에 난파선이 널려 있듯이 인생의 고속도로에는 실패가 흩어져 있다.

상업 기관의 기록에 따르면 사업에 뛰어든 사람 중 상당수가 실패한다.

왜 실패할까? 행복하게 시작한 비즈니스 모험이 비참한 파국으로 끝나는 이유는 무엇일까?

왜 소수는 성공하고 다수는 실패할까? 어떤 실패는 절대적이 아니라 상대적이기도 한다. 즉, 부분적으로 성공했지만 야망의 목표에 도달하지 못하고 마음의 소망을 이루지 못한 채 절뚝거리며 살아가는 성공도 있다.

사업에 영향을 미치는 요소는 너무 많아서 일일이 나열하는 것이 불가능하다. 건강, 타고난 적성, 기질, 성향, 바른 출발과 바른 장소, 유전적 특성, 바른 판단력, 상식, 평정심 등은 모두 성공 가능성에 영향을 미친다. 이 장에서 우리가 할 수 있는 최선은 위험한 곳에 붉은 깃발을 내거는 것이다. 산들바람과 성공적인 항해의 모든 약속을 믿고 젊음의 항구를 떠난 수많은 배들을 난파하고 길을 잃게 만든 바위와 암초를 도표로 만드는 것이다.

인생의 사명에 대한 자신감 부족과 자신의 생각에 대한 믿음 부족은 수많은 실패를 초래했다.

성공하지 못하고 그 이유를 모르는 사람은 사소한 것이 경력을 망치는 힘이 있다는 것을 알지 못한다. 그들은 사소한 것이 사업을 망치거나 직업에 해를 끼치는 것을 깨닫지 못한다. 청구서를 신속하게 지불하지 못하거나 은행에 돌아온 어음을 결제하지 못하는 사소한 일이 자신의 신용에 얼마나 해를 끼치는지 알지 못한다.

많은 사람이 실패하는 이유는 자신이 그 분야를 잘 알고 있고 경쟁의 위험이 없다고 생각해 안일하게 대응하기 때문이다. 진취적이고 최신의 진보적인 젊은이가 마을에 와서 자신도 모르는 사이에 사업을 빼앗아도 안일하게 매너리즘에 빠져 재고를 최신으로 유지하지 않거나 매장을 계속 매력적으로 만들지 않는다.

그들은 훌륭한 영업 사원, 매력적인 매장, 최신 방법, 정중한 고객 대우가 무엇을 의미하는지 깨닫지 못한다.

종종 마른 썩음(dry rot)으로 마비가 서서히 와서 사업을 목 졸라 죽이고 있다는 사실을 깨닫지 못하기 때문에 실패하기도 한다. 많은 사업가가 실패하는 이유는 일이 잘못되었을 때 사업 상황을 직시하지 않고 용감한 방법을 채택하지 않은 채 외과 의사의 칼로도 치료할 수 없는 상태가 될 때까지 완화제를 계속 쓰기 때문이다.

많은 사람이 사업장의 "죽은 나무"를 없애는 방법을 모른다. 그들은 비생산적인 직원을 유지하며 엉성하고 무관심한 방법으로 사업을 계속하지만, 그것은 광고로 끌어들이는 것보다 더 많이 빠져나가기 때문에 실패한다.

다른 많은 사람은 자본을 투입하기보다 허세를 부리거나, 적절한 훈련을 받지 않거나, 시대를 따라잡지 못해서 실패한다.

많은 젊은이가 자신의 자리를 찾지 못해 앞서 나가지 못하고 평범함 속에서 헤매고 있다. 그들은 네모난 구멍에 박힌 둥근 못이다. 어떤 사람은 적대감에 대처할 능력이 없어 실패한다. 소유주와 관리자의 편애는 많은 기업을 망하게 했다. 많은 사람이 자신을 너무 진지하게 생각하기 때문에 성공하지 못한다. 그들은 장의차를 타고 물건을 배달하고, 건방지고 비협조적인 점원을 고용한다. 나쁜 비즈니스 매너가 많은 기업을 망하게 했다. 노예처럼 일하는 방식, 다른 사람과 잘 어울리지 못하는 태도, 시스템 부재, 결함 있는 조직 능력은 많은 경력을 단절시켰다.

많은 사람이 본업 외의 "부업"으로 인생이 망가진다. 성공은 효율성에 달려 있으며, 효율성은 강렬하고 지속적인 집중 없이는 불가능하다. 왔다 갔다 하는 많은 사람이 부업을 통해 약간의 돈을 추가로 벌어 수입을 늘릴 수 있다고 생각한다. 하지만 부업을 하는 사람은 항상 큰 사람이 아니라 작은 사람이다. 이런 사람 중 상당수는 노력을 분산하고 에너지를 소진하기 때문에 큰 연봉을 받는 직책에 오르지 못하고 작은 자리에 머물러 있다. 부업은 정신과 노력을 분산하며, 고도의 집중 없이는 어떤 위대한 일도 이룰 수 없기 때문에 위험하기까지 하다.

많은 사람이 적대적 태도와 비관적 사고로 성공을 멀어지게 한다. 그들은 한 가지를 위해 일하지만 다른 것을 기대한다. 그들은 자신의 정신 태도가 야망과 일치해야 하며, 열심히 일하고 있다면 번영을 기대해야 하고, 부정적 정신 태도, 즉 의심과 두려움으로 자신의 전망을 죽이지 말아야 한다는 것을 깨닫지 못한다.

많은 사람이 다른 사람의 판단, 즉 "확실하다고 하는" 내부 정보를 믿고 주식을 사서 망한다.

많은 사람이 실패한 후 근성을 잃거나, 넘어졌을 때 어떻게 일어날지 몰라서 실패한다. 많은 사람이 기분의 희생자가 되거나 낙담의 노예가 된다. 승자에게는 용기와 낙관적 인생관이 필수이다. 두려움은 성공에 치명적이다. 많은 젊은이가 다른 사람에게 자신을 주장할 수 없고, 자신의 일을 위임할 수 없고, 세부 사항에서 어떻게 할 줄 모르기 때문에 실패한다. 큰 사업을 구축하려는 시도에서 실패하는 사람도 있다. 그들은 큰 주제를 이해하고 일반화하고 조합하는 훈련을 받지 못했다. 그들은 다른 사람의 판단과 조언에 의존하기 때문에 자립하지 못한다.

스스로 열심히 일하지만 어떻게 사람을 다루는지 알지 못하고, 다른 사람의 두뇌를 이용하는 방법을 모르는 사람이 많다.

수천 명의 젊은이가 일을 사랑하지 않기 때문에 성공하지 못한다. 지루함을 주는 일로는 결코 성공할 수 없다.

50년 전, 한 마구간 소년이 물품을 구매하러 덴버에 온 부유한 호텔 소유주 말을 닦아주었다. 그 소년은 나중에 콜로라도 주지사가 되었고, 훗날 재산을 다 날려버린 호텔 주인은 마구간 소년이 했던 경비원 자리를 기꺼이 수락했다.

인생은 그러한 대조로 이루어져 있다. 모든 성공한 사람은 인생의 모든 단계에서 자신과 같은 성공에 이르지 못한 수백 명의 동료와 동일한 위치에 있었다. 모든 비참한 실패자는 성공한 사람이 인생의 어느 시점에 가졌던 것만큼의 기회가 있었고, 동일한 자질을 키울 가능성이 있었다.

아무리 비천한 출생일지라도, 어떤 장애가 얼마만큼 있다고 할지라도, 그것이 결단력 있는 사람의 성공을 막지는 못한다. 욕망은 종종 필요한 행동과 장애물을 자극해 더 높은 도약을 하도록 훈련한다. 그런데 인간은 왜 실패해야 하는가? 인류가 보편적으로 가지고 있는 실패와 반쪽짜리 성공의 원인은 무엇인가?

그에 대한 답은 다양하지만, 그 답들에 있는 교훈은 분명하다. 한 작가가 표현했듯이 "모든 성공의 태엽은 잘못된 방향으로 감겨 있을 때 실패의 동력이 된다." 승진을 위한, 성공을 위한 모든 기회는 그만큼 실패의 기회이기도 하다. 모든 성공의 자질은 과도한 개발이나 잘못된 사용으로 불리하게 바뀔 수 있다. 제방이 아무리 넓고 튼튼해도 작은 구멍이 생겨 물이 새면 파멸과 재앙은 불을 보듯 뻔하다. 거의 모든 성공의 자질을 갖추고 있어도 한두 가지 결점이나 악행으로 완전히 무효가 될 수 있다. 때로는 심각한 장애가 되는 결함이 있을지라도 한두 가지 훌륭한 특성이 그 사람을 성공으로 이끌기도 한다.

자신의 불행을 다른 사람이나 환경 탓으로 돌리고 싶어 하는 수많은 실패자는 이 주제를 연구한 사람들이 수집한 통계에서 위안을 얻지 못한다. 〈브래드스트리트〉는 최근 한 해 동안 사업 실패의 원인을 분석한 결과, 실패의 10분의 7이 실패자의 잘못 때문이며, 10분의 3만이 완전히 통제할 수 없는 원인이라는 사실을 발견했다. 실패의 원인별 비율은 무능력이 19퍼센트, 경험 부족이 7.8퍼센트, 자본 부족이 30.3퍼센트, 현명하지 못한 신용 제공 3.6퍼센트, 투기 2.3퍼센트이다. "자본 부족"

은 사실 부족한 자본으로 너무 많은 것을 시도했다는 것을 의미한다. 이것은 순전히 상업적 성공에 대한 상업적 분석이다. 겉으로 드러나지 않는 성격상의 결함을 읽을 줄 알아야 한다.

얼마 전 40명의 성공한 남성에게 "당신이 관찰한 바에 따르면 사업가 또는 전문직 남성이 인생에서 실패하는 주요 원인이 무엇이라고 보십니까?"라는 질문을 던져 이에 대해 자세히 답하도록 유도했다. 이 대표적인 남성들이 꼽은 원인은 다음과 같다.

나쁜 습관, 나쁜 판단, 불운, 나쁜 동료, 세부 사항에 대한 부주의, 타당하지 않은 위험을 끊임없이 가정하는 것, 너무 빨리 부자가 되려는 욕망, 음주, 부정직한 거래, 써야 할 돈을 줄이려는 욕망, 적절한 시기에 거절하기를 싫어하기, 황금률 무시, 조류를 따라 표류, 비싼 생활 습관, 사치, 시기, 주변 환경에 감사하지 않음, 기회를 포착하지 못함, 한 사업에서 다른 사업으로 자주 변경, 이른바 좋은 타이밍을 추구하기 위해 시간을 낭비하는 것, 도박, 부주의, 무능한 조수, 무능, 나태, 질투, 사업에 대한 관심 부족, 적용 부족, 적응 부족, 야망 부족, 사업 방법 부족, 자본 부족, 보수적 태도 부족, 사업에 대한 세심한 관심 부족, 자신에 대한 확신 부족, 신중한 회계 부족, 세심한 관찰 부족, 명확한 목적 부족, 초기 시절의 훈련 부족, 성격에 대한 분별력 부족, 기업가정신 부족, 에너지 부족, 절약 부족, 성실성 부족, 소명에 대한 믿음 부족, 근면 부족, 정직 부족, 판단력 부족, 사업 요구사항에 대한 지식 부족, 남자다운 성격 부족, 타고난 능력 부족, 인내심 부족, 순수한 원칙 부족, 사람에 대한 적절한 예의 부족, 목적의식 부족, 근성 부족, 사업 약속을 지키는 신속성 부족, 시스템 부족, 지각, 수입을 초과하는 생활, 직원에게 너무 많은 것을 맡기는 것, 세세한 부분에 대한 소홀, 자신의 소명에 대한 타고난 사랑 없음, 현 상황의 안정성에 대한 과신, 미루기, 투기 광풍, 이기심, 작은 악들에 탐닉, 경계하기보다는 안일하게 살피는 것, 사교적 문란함, 무분별한 결혼, 자기 일을 다른 사람에게 맡기는 것, 바람직하지 않은 곳에 있는 것, 성공의 대가를 지불하지 않으려는 것, 초기 고난을 감수하지 않으려는 것, 낭비, 낙담에 너무 쉽게 굴복하는 것.

분명 여기에는 설교하는 사람이라면 100번이라도 설교할 수 있는 충분한 재료가 있다. 이러한 실패의 원인을 모두 언급하지 않더라도 몇 가지를 살펴보는 것은 유익할 수 있다.

소심하고, 자신에 대한 믿음이 부족하고, 신념에 대한 용기가 없고, 모험을 하기 전에 항상 확실성을 찾으려는 청년은 성공할 수 없다. "자기 불신은 대부분 실패의 원인이다"라고 어떤 사람은 말했다. "힘에 대한 확신 속에 힘이 있으며, 아무리 강해도 자신이나 자신의 힘에 대한 믿음이 없는 사람은 가장 약한 사람이다."

"수많은 상인이 파멸에 이른 것은 사업 재능이 부족했기 때문이 아니라 사업 신경이 부족했기 때문"이라고 또 다른 사람은 말했다. "우리는 장사에서 뛰어난 재능을 타고났지만 쉽게 내주는 기질 때문에 저주를 받는 마음씨 좋은 사람들을 보곤 한다. 그들은 사업 습관이 단호하지 않고 사업 원칙도 확고하지 않다. 명석한 지성이 주는 불길한 암시에도 불구하고 약한 선한 본능을 따르는 경향이 있다. 안전하지 않은 어음을 보증함으로써 친구의 의무를 떠안고, 절망적 투기에 따르는 위험을 분담함으로써 이웃을 기쁘게 한다. 그런 뒤 그들의 근면과 현명함으로 얻은 자본이 실수나 약탈을 돕는 자비로운 시도로 침몰한 후, 파산으로 인해 으르렁거리는 채권자들의 쓴 조롱과 험담하는 대중의 무례한 동정의 대상이 되는 운명에 처한다."

힘을 분산하는 것이 많은 사람의 성공을 가로막았다. 해야 할 일에서 최선을 다하지 않는 것은 반드시 최종적인 재앙을 가져온다. 사람의 에너지, 지성, 용기, 열정은 모두 한 줄로 이어져야 성공할 수 있다. 이 중 하나 또는 모두의 공급을 일부라도 중단하면 남은 것만으로는 충분하지 않을 위험이 있다. 중요한 순간에 업무에 조금만 부주의해도 배가 난파할 수 있다. 예쁜 승객에게 정신이 팔린 항해사는 배를 항구로 가져올 가능성이 작다. 매력적인 부수적 문제, 훌륭한 계획, 그리고 큰 보상을 약속하는 달콤한 유혹은 종종 사업가나 전문직 종사자가 확실한 성공을 향해 꾸준히 나아가는 안전한 길에서 벗어나게 만든다. 많은 사람이 타의 추종을 불허하는 전문가가 되기보다는 여러 개의 작은 직업으로 쪼개져 그저 그런 만능 재주가가 되기를 선택함으로써 위대한 사람이 되는 데 실패한다.

철저함 부족은 실패의 또 다른 큰 원인이다. 이 세상에는 남녀노소를 불문하고 자신이 선택한 분야에서 숙련가가 되는 것이 가치 있다고 생각하지 않아 보잘것없는 직책에 머물며 빈약한 급여를 받는 사람들로 가득하다.

교육 부족은 많은 실패를 초래했다. 성공의 자질을 가진 사람이라면 성공에 절대적으로 필요한 교육이 오래 걸리지 않을 것이다. 그는 링컨처럼 책을 빌리기 위해 필요하다면 50마일을 걸어갈 것이다. 어떤 글래스고 소년처럼 한 팔로 가로등을 잡고 다른 팔로 책을 잡을 것이다. 그는 엘리후 버릿처럼 모루를 두드리는 틈틈이 공부할 것이며, 다른 고귀한 투쟁가들이 굶주림에 허덕이는 환경에 맞서 싸우기 위해 했던 수천 가지 일 중 몇 가지를 실천할 것이다.

뉴욕 메트로폴리탄 스트리트 철도회사의 사장 H. H. 브릴랜드는 "실패의 다섯 가지 조건은 대략 이렇게 분류할 수 있다. 첫째 게으름, 특히 정신적 게으름, 둘째 일의 효율성에 대한 믿음 부족, 셋째 행운의 구원하는 은총에 의존하는 것, 넷째 용기, 주도성, 끈기의 부족, 다섯째 청년이 자신의 직업에 영향을 미치는 것이 아니라 청년의 직업이 자신의 지위에 영향을 미친다고 보는 믿음"이라고 말했다.

찾아보고 물어보라. 상황이 아니라 당신의 자질, 결함, 결점이 실패의 원인이라는 것을 알게 될 것이다. 한 부유한 제조업자는 다음과 같이 강하게 말했다. "기질만큼 인생에서 사람의 경력에 영향을 미치는 것은 없다. 처음에는 능력, 지식, 사회적 지위 또는 돈이 그를 뒷받침할 수 있지만, 결국 세상에서 위치를 결정하는 것은 그의 기질이다. 대중의 편견이 가리키는 불운의 희생자를 나에게 보여주라. 그러면 나는 재앙을 불러오는 불행하고 비뚤어진 기질을 가진 사람, 즉 성질이 나쁘거나 자만하거나 사소하거나 열정이 부족한 사람을 보여주겠다."

인생에서 성공하지 못한 것이 자신뿐만 아니라 다른 사람에게도 문제가 되는 경우도 있다. 그들은 부지런하고 신중하며 절약하지만, 오랜 세월 노력했어도 노년이 되어서도 여전히 가난하다. 그들은 불운에 대해 불평하고 운명이 자신에게 불리하다고 말한다. 그러나 진실은, 단순한 활동을 에너지로 착각하기 때문에 추진하는 일이 실패한다는 것이다. 그들은 본질적으로 두 가지를 혼동해 항상 바쁘면 반드시 운이 좋아진다고 생각하며, 잘못된 방향의 노동은 활동의 낭비일 뿐이라는 사실을 잊고 있다.

성공의 적 중에서 가장 나쁜 것은 지독한 게으름이다. 게으름에 대한 정중한 동의어는 없다. 너무 많은 젊은이가 일을 두려워한다. 그들은 게으르다. 그들은 잘 차려입은 옷을 더럽히지 않고 손가락 끝으로 물건을 다룰 수 있는 신사적인 직업을 찾는 것을 목표로 한다. 그들은 다른 사람에게 명령을 내리거나 주인처럼 행세하고 다른 사람이 고된 일을 하는 것을 선호한다. 이 세기에는 게으른 사람이 설 자리가 없다. 그는 밖으로 밀려날 것이다. 수고는 가치 있는 모든 것에 대한 피할 수 없는 대가로 언제나 남을 것이다.

얼마 전 한 수도권 일간지가 자신의 인생이 실패했다고 생각하는 사람들의 고백을 편지로 모집했다. 신문사는 고해성사를 하는 사람의 이름이나 신원을 공개하지 않기로 하고 솔직한 진술을 요청했다. 두 가지 질문을 던졌다. "당신의 인생은 실패였습니까? 당신의 사업은 실패했습니까?"

일부 답변은 극단적으로 안타까운 수준이었다.

어떤 이들은 실패의 원인을 자신을 쫓아다니며 모든 노력을 방해하는 듯한 잔인한 운명 탓으로 돌렸고, 어떤 이들은 유전적 약점이나 기형, 질병 탓으로, 어떤 이들은 남편이나 아내 탓으로, 어떤 이들은 "열악한 환경"과 "잔인한 상황"으로 돌렸다.

이러한 실패 사례 중 게으름을 원인으로 언급한 사례는 단 한 건도 없었다는 점은 주목할 만하다.

다음은 그들이 제시한 몇 가지 이유이다.

"J. P. T"는 자신의 지나친 천재성 때문에 실패했다고 생각했다. 그는 자신이 무엇이든 할 수 있다고 생각했기 때문에 대학 졸업을 기다릴 수 없었다. 대학을 그만두고 변호사를 시작했고, 학교 교장을 했으며, 과로했고, 너무나 많은 일을 벌였다. 그는 자신의 에너지를 낭비하고 사람들을 지나치게 믿는 바람에 실패했다고 말했다.

"러더퍼드"는 인생에서 성공할 기회가 네 번이나 있었지만 모두 놓쳤다고 말했다. 실패의 첫 번째 원인은 인내심 부족이었다. 그는 직업의 동일성과 일상성에 쉬이 피로했다. 그의 두 번째 단점은 지나친 자유분방함과 타인에 대한 지나친 믿음이었다. 셋째, 그는 절약이라는 말을 몰랐다. 넷째, "나는 가장 극한 상황에서도 너무나 낙관적이었다." 다섯째, "나는 친구와 우정을 너무 믿었다. 인간의 본성을 읽지 못했고, 실수할 수 있다는 점을 충분히 감안하지 못했다." 여섯째, "나는 내 소명을 다하지 못했다." 일곱째, "세상에서 무언가를 하도록 나를 돌봐주고 자극해주는 사람이 없었다. 나는 지금 70살이고 술도 안 마시고 나쁜 습관도 없으며 항상 교회에 다녔다. 그러나 나는 시작할 때처럼 여전히 가난하다."

"G. C. S."는 참담하게 실패했다. "내 약점은 공중누각을 만드는 것이었다. 세상에 이름을 알리고 싶다는 열망에 불타 시골에서 뉴욕으로 올라왔다. 거절당하고 낙담한 나는 이리저리 떠다녔다. 나는 일할 마음이 없었다. 능력과 추진력이 부족했다. 그것 없이는 어떤 인생도 성공할 수 없다."

"능력과 추진력 부족." 추진력은 능력이며, 게으름은 추진력 부족이다. 그 어떤 것도 추진력을 대신할 수 없다. 추진력은 근면과 인내, 그리고 끊임없는 끈기를 의미한다.

한 위인은 "인간에 대한 어느 정도 다양한 경험을 통해, 나는 나이가 들수록 단순한 영리함에 가치를 두지 않고 근면과 신체적 인내를 점점 더 중요시하게 되었다"라고 말한다.

괴테는 근면이 천재성을 만드는 10분의 9라고 말했고, 프랭클린은 근면이 행운의 어머니라고 했다. 그 밖에도 수많은 언어와 펜이 수고에 대해 찬사를 보냈다. 게으름과 나태함은 세상의 많은 실패의 원인으로 지목된다.

우리는 사방에서 좋은 교육과 큰 가능성을 가지고 시작했지만 점차 "볼품없게 되는" 사람들을 볼 수 있다. 초기의 야망은 사라지고, 초기의 이상은 점차 낮은 수준으로 떨어졌다. 야망은 장치를 움직이게 하는 태엽과 같다. 모든 부품이 완벽할지라도 태엽이 없으면 치명적인 결함이 된다. 상승하고자 하는 욕망, 성취하고자 하는 욕망, 달성하고자 하는 욕망이 없다면 어떤 인생도 크게 성공할 수 없다.

토머스 B. 브라이언은 "정직하게 노력하는 수천 명의 사람에게 긍정적 실패 또는 절반의 성공이라는 실망스러운 결과를 가져다주는 원인 중 가장 큰 것은 흔들림이다"라고 말한다.

많은 사업가가 좋은 시기를 놓치지 않고 상당한 위험에 노출하기로 신속하게 결정함으로써 부를 쌓았다. 그러나 많은 실패는 부적절한 변화와 목표의 이유 없는 흔들림으로 인해 발생한다. 흔들리는 사람은 다른 면에서 아무리 강해도, 인생의 경주에서 자신이 무엇을 하고 싶은지 알고 그것을 실행에 옮기는 사람, 즉 결단력 있는 사람에게 항상 밀린다. 두뇌도 결단 앞에서는 길을 양보해야 한다. 그 목표가 가치 없는 것이 아니라면 한 가지 목표에 확고하게 전념한 인생은 실패한 적이 없다고 말할 수 있다.

나는 대학 교육의 중요성을 크게 믿지만, 대학에 가지 않았더라면 성공했을 많은 대학 졸업생이 이론적이고 비실용적 지식에 의지해 졸업 후 바닥부터 시작하지 않으려 하기 때문에 인생에서 실패하는 것을 보곤 한다.

우리는 대학에서 잘했지만 인생에서 매우 부진한 사람들을 본다. 그들은 학급에서 높은 순위를 차지했고 성실하고 열심히 공부했지만, 막상 사회에 나가서는 잘 적응하지 못하는 것 같다. 그들은 실용적이지 않다. 왜 그들이 성공하지 못하는지 설명하기가 쉽지 않다. 그들은 어딘가 부족한 것 같고 뭔가 나사가 풀린 것 같다. 뛰어난 졸업생이지만 그저 그런 성공만 거둘 뿐인 이 사람들은 종종 자신에게도 수수께끼이다. 그들은 왜 성공하지 못하는지 이해하지 못한다.

건강이 종종 실패의 원인이라는 것은 의심의 여지가 없지만, 실패는 종종 잘못된 정신 태도, 잘못된 생각 때문이다. 비관적이고 낙담한 정신 태도는 건강에 해롭다. 걱정, 두려움, 불안, 질투, 극도의 이기심은 시스템에 독을 뿌려 기능을 완벽하게 수행하지 못하고 많은 질병을 유발한다.

정신 태도를 완전히 바꾸면 "나쁜 건강"으로 고통받는 수많은 사람에게 좋은 건강을 가져다줄 것이다. 사람이 바르게 생각하고 살면 건강이 나빠지는 일은 드물 것이다. 잘못된 정신 태도는 신체 쇠약, 질병, 고통을 상당 부분 유발하는 원인이다.

성공의 두 가지 주요 요인은 근면과 건강이라고 알려져 있다. 그러나 어려움을 극복한 인류 승리의 역사를 보면 병든 사람, 불구자, 기형아가 엄청난 신체장애에도 불구하고 종종 강하고 건강한 자들을 제치고 성공이라는 목표를 향해 달려간 경우가 많다. 이러한 사례는 이 책의 다른 장에 많이 인용되어 있다.

지속적인 성공을 거둔 곳에는 근면과 인내가 주춧돌로 작용했음이 증명되었다. 사람은 누구나 이 주춧돌을 놓고 그 위에 자신을 세울 수 있다. 크든 작든, 자신의 타고난 장점이 무엇이든, 그가 선택한다면 근면과 인내는 그의 것이다. 이러한 자질을 발휘하면 다른 사람이 그랬던 것처럼 그도 성공할 수 있다. 팔리시가 말했던 것처럼,

"수고하고 인내하며 기다린다.
그리고 그걸 찾지 못했다면, 만들어버린다."

저자 | 오리슨 스웨트 마든(Orison Swett Marden, 1848~1924)

미국인 사업가, 작가, 〈석세스〉 매거진 발행인. 자기계발과 야망, 성공에 관한 50여 권의 책을 저술했다. 대표작으로 《당신의 길을 개척하라》와 《어떻게 원하는 것을 얻는가》가 있다.

1848년 뉴햄프셔에서 태어났다. 세 살 때 어머니를 여의고, 여섯 살 때 아버지까지 여의었다. 아버지가 돌아가신 후 할머니 집에서 지냈다. 할머니가 그를 포함한 세 명의 손자를 돌볼 수 없게 되자 위탁 가정으로 보내진다. 성인이 될 때까지 총 5개의 위탁 가정에서 살았다.

그의 인생의 전환점은 그가 다락에서 새뮤얼 스마일스의 《자조론》을 발견한 것이었다. 그는 훗날 그것을 "한 가난한 남자가 금광을 발견한 것 같았다"라고 표현했다. 그는 그 책을 읽고 자기도 남들처럼 교육을 받을 수 있고 나아질 수 있다고 느끼게 된다.

그는 후견인에게 공부를 하고 싶다는 편지를 썼고, 후견인은 뉴햄프셔주 뉴런던에 있는 예비학교인 콜비 아카데미에 한 학기 동안 다닐 수 있게 해주었다. 그때부터 그는 학업과 일을 병행한다. 그는 보스턴대학교에서 두 개의 학사 학위(B.S.와 B.O.)를 취득했고, 하버드대학교에서 의학 학위(M.D.)와 법학 학위(LL.D.)를 취득했다.

그는 대학교에 다니면서도 일을 했다. 그의 능력은 그가 대학교를 졸업하기 전에 로드아일랜드에 있는 리틀필드 호텔을 매입해 매니시스 호텔로 이름을 바꾸는 것으로 증명된다. 그는 "럭키 마든(Lucky Marden)"으로 불리며 성공 가도를 달렸다. 이후 그는 네브래스카주 키니로 이주해 호텔과 부동산에 막대한 투자를 했다.

그러나 운명의 여신은 변덕스럽다고 했던가. 네브래스카에 3년에 걸쳐 가뭄이 들고, 엎친 데 덮친 격으로 그의 주 재산이라고 할 수 있는 미드웨이 호텔에 불이 나 잿더미가 된다. 거기에 그가 집필하던 《당신의 길을 개척하라》의 원고마저 화재로 없어져 버린다. 그는 빈털터리가 되었다.

이후 그는 캘리포니아에서 설탕과 철도 대기업이 소유하던 호텔의 지배인이 되어 달라는 부탁을 여러 번 받는다. 캘리포니아로 가면 재기할 것이 분명했으나, 그는 가지 않고 글로써 사람들에게 영감을 주는 일을 하기로 결심한다. 그는 무작정 보스턴으로 가서 《당신의 길을 개척하라》의 원고를 여러 출판사에 보냈고, 그중 한 곳에서 채택되어 베스트셀러가 되었다.

이후 그는 이 책의 성공을 기반으로 〈석세스〉 매거진을 창간했다. 〈석세스〉 매거진은 제1차 세계대전의 불안정한 출판 환경에서도 큰 성공을 거두었다. 그는 1924년 로스앤젤레스에서 죽었다. 그와 부인 클레어 L. 에번스 사이에는 세 명의 자녀가 있었다.

편역자 | 이은종

건국대학교 영어영문학과와 일본 히토쓰바시대학대학원 국제기업전략연구과를 졸업했다. 현재 출판업에 종사하고 있으며, 몇 권의 책을 번역 및 저술하였다.

당신의 길을 개척하라 ❷

초판1쇄 발행 | 2025년 9월 19일

지은이 | 오리슨 스웨트 마든
편역자 | 이은종

발행처 | 주영사
발행인 | 이은종
등록번호 | 제379-3530000251002006000005호
등록일 | 2006년 7월 4일(최초 등록일 2006년 3월 7일)
주 소 | 경기도 성남시 수정구 산성대로 437번길 7
전 화 | 031-626-3466
팩 스 | 0505-300-2087
홈페이지 | http://juyoungsa.net
이메일 | juyoungsa@gmail.com

ISBN 978-89-94508-54-2
ISBN 978-89-94508-52-8(전2권)

* 잘못된 책은 바꾸어 드립니다.
* 책값은 표지에 있습니다.